L'INDICATEUR
PARISIEN,

ORNÉ

D'UN NOUVEAU PLAN

DE PARIS,

ANNEXÉ

AU TABLEAU

DE LA FRANCE.

A PARIS,

Chez LECLERC, Libraire, quai des Augustins,
près la rue Gilles-Cœur.

M. DCC. LXVII.

l
e
e
t
g
a
o
ce
te

AVIS.

CE LIVRE eſt annexé à un Ouvrage intitulé : *Tableau de l'Univers, & de la France en particulier, quatre Volumes in-12. ornés de Cartes Géographiques.* Il ſe vend chez le même Libraire.

Le premier Tome comprend la Deſcription de la France, les environs de Paris, l'hiſtorique de ſes Provinces, leurs productions & commerce, toutes les grandes Routes du Royaume, avec la Deſcription des Villes où l'on paſſe, & le chemin de celles où il n'y a point de Poſtes, les Colonies de la France,

AVIS.

l'évaluation de ses monnoies &
des monnoies étrangères.

Le second contient le Gouvernement de France, ses Tribunaux, les Foires & la France Ecclésiastique.

Le troisième embrasse la Description de l'Europe, les dépendances & le pouvoir de chaque Souverain, les Gouvernemens, Religions, usages & productions de chaque Pays, avec les Routes, commerces & monnoies de toutes les Villes en correspondance avec Paris.

Le quatrième renferme le reste du Monde & les Colonies de chaque Puissance de l'Europe.

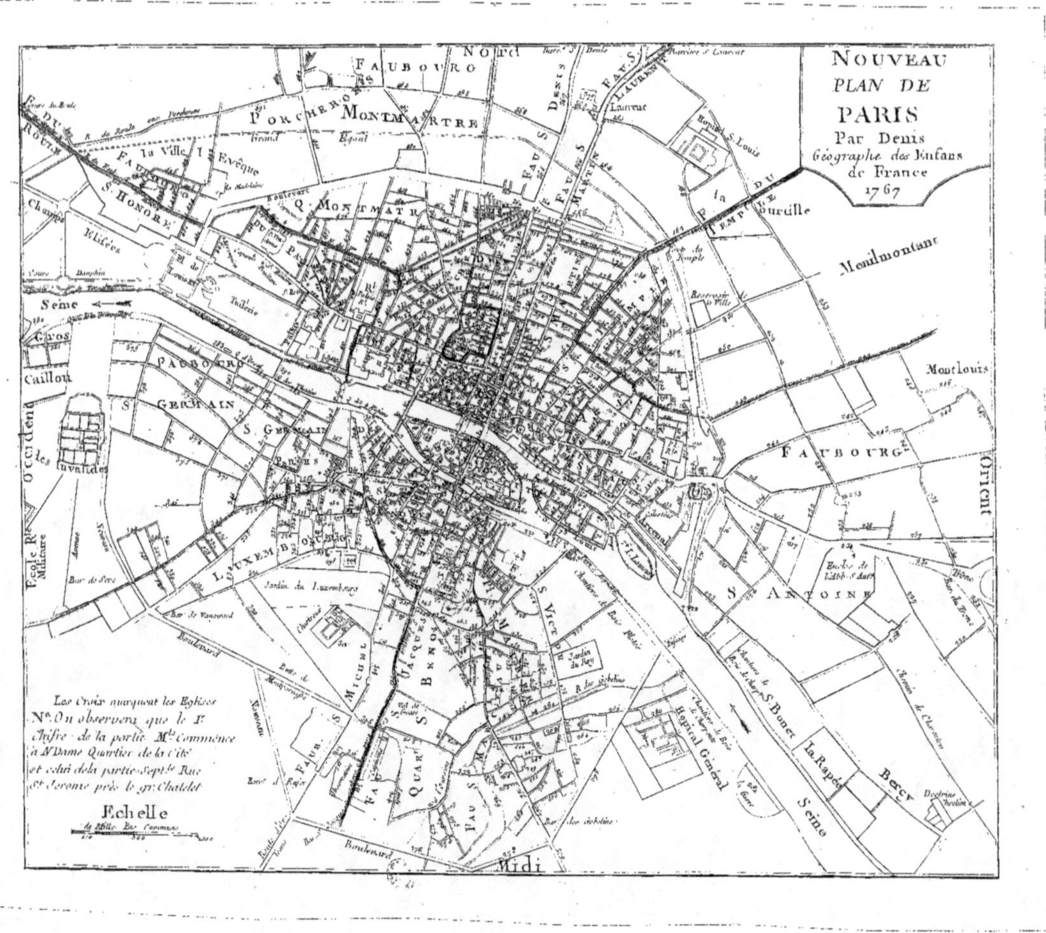

Nord
NOUVEAU
PLAN DE
PARIS
Par Denis
Géographe des Enfans
de France
1767
FAUBOURG
PORCHERONS
MONTMARTRE
la Ville l'Evêque
S. HONORÉ
Q. MONTMARTR
Champs Elisées
Seine
Gros
Caillou
FAUBOURG
S. GERMAIN
S. GERMAIN
Occident
les Invalides
Ecole R.le
Militaire
LUXEMBOURG
Jardin du Luxembourg
Ménilmontant
Montlouis
FAUBOURG
Orient
S. ANTOINE
la Rapée
Bercy
Hopital General
Seine
Midi
Les Croix marquent les Eglises
N.º On observera que le 1.er
Chiffre de la partie M.di Commence
a N.Dame Quartier de la Cité
et celui dela partie Sept.le Rue
S.t Jerome près le gr. Chatelet
Echelle

ABREGÉ
DE LA DESCRIPTION
DE PARIS.

CETTE Ville fut autrefois nom-
mée Lutèce ; mais au tems où les
Romains vinrent dans les Gaules,
un peuple appellé Parisis lui donna son nom :
elle a été long-tems une place forte ; c'est
la capitale de l'Ile-de-France & de tout le
royaume : son circuit maintenant est de plus
de cinq lieues.

Déja des Empereurs romains avoient tra-
vaillés à son agrandissement, lorsque les Rois
de France se sont attachés à l'embellir ; plusieurs y ont fait leur demeure, premièrement
au palais des Tournelles, ensuite au palais
que l'on nomme à présent le Palais-marchand, & enfin au Louvre. Le nombre des
habitans de cette ville se monte aujourd'hui
à près d'un million ; les richesses qui y sont
attirées par le commerce & les beaux arts,
paroissent au luxe de ses citoyens, & au nombre des carosses, qui vont jusqu'à 13 mille,
compris les remises & les fiacres, sans les ca-

A

briolets. On compte 35 mille maisons, tant dans la ville que dans les faubourgs ; 500 beaux hôtels, en comprenant les belles maisons qui n'ont pas le droit d'en porter le titre; 4 portes existantes, 16 places, 12 ponts, 25 quais, 24 marchés, 65 fontaines publiques, 7 bibliothèques publiques, 8 academies. Il y a 875 rues (avec leurs noms à tous les coins, en caractères noirs, depuis 1728) & 105 culs-de-sacs. Le tout est très bien pavé & éclairé par 6200 lanternes, dont les frais peuvent monter chaque nuit environ 700 liv. & par conséquent à 135,000 liv. par an ; cette somme est prise sur 450,000, dont le reste sert à l'entretien du pavé, à faire enlever les boues, & au payement de quelques personnes au service de la Police.

Le prix de 2000 liv. proposé par M. de Sartine, lieutenant - général de police, en faveur de celui qui, au jugement de l'academie des sciences, trouveroit la meilleure manière d'éclairer les rues, en combinant ensemble la clarté, la facilité du service, & l'économie, nous procure cette année 150 lanternes nouvelles, placées dans les grandes rues ; elles paroissent réunir ces avantages. Elles sont quarrées, évasées par le haut d'un verre net, blanc & épais, & transmettent à une plus grande distance que les anciennes une lumiere vive & pure, que produit une lampe à quatre mêches, fournie d'huile d'olive ou en huile de bœuf.

Le nombre des communautés d'arts & métiers se monte à 118. Il y a plus de

mille maîtres ; ſes plus grandes manufactu-
res ſont les Gobelins pour les tapiſſeries & la
manufacture des glaces.

La ville eſt gardée par 1200 hommes ,
dont une partie à cheval & les autres à pied ,
avec 225 gardes de nuit pour les ports ,
ſans compter les gardes & archers de la
ville, ceux de la robe-courte , de la monnoie & de la connétablie. La garde militaire eſt compoſée de ſix bataillons de gar-
des-françoiſes , aujourd'hui caſernées ; quatre
bataillons de gardes-ſuiſſes , dont trois compagnies dans la ville , le reſte dans les environs , & pluſieurs compagnies d'invalides ;
on peut y ajouter les mouſquetaires gris &
les mouſquetaires noirs.

La police de Paris eſt tenue par un lieutenant-général de police , qui a ſous ſes ordres
40 inſpecteurs de police , 49 commiſſaires
& pluſieurs exempts.

Paris eſt le ſiége d'un archevêché & de
cette célèbre univerſité , commencée en 790
ſous le regne de Charlemagne par des écoles
publiques : elle eſt compoſée de quantité de
colléges , dont 10 ſont de plein exercice.
L'on compte à Paris 371 égliſes ; ſçavoir ,
45 paroiſſes , 3 abbayes , 4 prieurés & 40
couvents d'hommes , 7 abbayes de filles &
72 couvents de filles , 15 hôpitaux , 12 ſe-
minaires , pluſieurs chapelles & égliſes , dont
quelques-unes ont le droit de paroiſſes.

Ses ſpectacles ordinaires ſont l'opéra , la
comédie françoiſe , la comédie italienne ,
& le concert ſpirituel , lorſqu'il n'y a point

de spectacles : les extraordinaires sont l'opéra-comique, à présent réuni aux Italiens, les danseurs de corde , & plusieurs baladins qui jouent sur les boulevards , aux foires de S. Germain , de S. Laurent & de S. Ovide; en été les feux d'artifices sur les boulevards, les combats d'animaux , barrière de Sève; ces deux derniers annoncent leurs jours par des billets. Le bal de l'opéra commence à la S. Martin jusqu'au premier dimanche de l'avent , & recommence le lendemain des Rois jusqu'au carême. Quant aux principales promenades publiques , celles du dehors de la ville , sont la place des Invalides , le cours de la Reine, les champs Élizées , le bois de Boulogne , les allées & le bois de Vincennes ; celles du dedans sont , les jardins des Tuilleries , du Palais-royal , du Luxembourg , du Roi, de l'Arcenal , de l'Hôtel-de-Soubise , les Boulevards ou Remparts , & les nouveaux Boulevards.

La Seine divise la ville en trois parties, qui sont la cité, la ville & l'université. La cité, qui est la plus ancienne, ne comprend que ce que l'on nomme les îles du palais & de S. Louis; l'université est au midi de la rivière, & la ville au nord ; ces trois parties se divisent en 20 quartiers, sans compter les 14 fauxbourgs. Pour faciliter la correspondance dans cette ville, l'on a établi en 1760 une petite poste qui porte les lettres neuf fois le jour ; leur port n'est que de deux sous, & de trois au-delà des barrieres.

Longitude 20 , latitude 48-50.

COMMERCE DE PARIS.

Son principal commerce consiste en modes, en étoffes d'or, d'argent & de soie; en galons de toutes sortes, en bas au métier & à l'aiguille, en belles tapisseries des Gobelins, en teintures écarlate, en glaces, en librairie, en gravures, & dans une infinité de toutes sortes de beaux ouvrages.

PARIS.

Distance de Paris aux villes étrangeres ci-après mentionnées. [Les chifres marquent le nombre des lieues, & les lettres la position.]

Aix-la-Chapelle	86 l.	N.	Allemagne,
Alep	274 l.	S. E.	Asie.
Amsterdam . . .	107 l.	N.	Brabant,
Bâle	103 l.	E. S.	Suisse.
Belgrade	401 l.	E. S.	Turquie.
Berlin	231 l.	N. E.	Saxe.
Berne	123 l.	E. S.	Suisse.
Bruxelles . . .	63 l.	N. E.	Brabant.
Cadix	387 l.	S. O.	Espagne.
Caire	794 l.	S.	Egypte.
Chamberi . . .	144 l.	E. S.	Savoie.
Cologne	100 l.	N. E.	Westphalie.
Constantinople .	585 l.	E. S.	Turquie.
Copenhague . .	279 l.	N. E.	Danemarck.
Cracovie	380 l.	E. N.	Pologne.
Dresde	220 l.	N. E.	Haute-Saxe.
Dublin	178 l.	O. N.	Irlande.
Edimbourg . . .	210 l.	O. N.	Écosse.
Egra	203 l.	E. N.	Bohème.
Florence	281 l.	E. S.	Toscane.
Gênes	264 l.	E. S.	Italie.
Genève	151 l.	E. S.	Suisse.
Hambourg . . .	181 l.	N. E.	Basse-Saxe.
Hanovre	179 l.	N. E.	Basse-Saxe.
Jérusalem . . .	700 l.	S. E.	Palestine.
Konigsberg . . .	335 l.	E. N.	Prusse-Ducale.

La Haye	95 l.	N.		Hollande.
Leipſick	146 l.	N. E.		Haute-Saxe.
Leide	95 l.	N.		Hollande.
Liége	76 l.	N. E.		Weſtphalie.
Lisbonne . . .	379 l.	S. O.		Portugal.
Londres	96 l.	O. N.		Angleterre.
Madrid	287 l.	S. O.		Eſpagne.
Magdebourg . .	190 l.	N. E.		Baſſe-Saxe.
Malte	428 l.	S. E.		Ile.
Meſſine	409 l.	S. E.		Sicile.
Milan	220 l.	E. S.		Italie.
Modène	250 l.	E. S.		Italie.
Moſkou	668 l.	N. O.		Ruſſie.
Namur	65 l.	N. E.		Pays-Bas.
Olmutz	327 l.	E. N.		Bohème.
Padoue	278 l.	E. S.		Italie.
Petersbourg . .	503 l.	N. E.		Ruſſie.
Port-Mahon . .	333 l.	E. S.		Italie.
Prague	236 l.	E. N.		Bohème.
Rome	371 l.	E. S.		Italie.
Rotterdam . . .	91 l.	N.		Hollande.
Saragoſſe	218 l.	S. O.		Eſpagne.
Smirne	681 l.	S. E.		Turquie.
Stockolm	383 l.	N. E.		Suède.
Turin	188 l.	E. S.		Piémont.
Valladolid . . .	269 l.	S. O.		Eſpagne.
Veniſe	285 l.	E. S.		Italie.
Vienne	295 l.	E.		Allemagne.
Yorck	151 l.	O. N.		Angleterre.

Des 20 Quartiers & 14 Faubourgs de Paris.

QUARTIER DE LA CITÉ.

Il s'étend depuis la pointe orientale de l'île.
Louvier , jusqu'à la pointe occidentale de
l'île du palais. Il comprend les îles-Louvier,
de Notre - Dame , appellée communément
île-Saint-Louis , & celle du palais ou la cité.

  1   Notre-Dame.
  2   Archevêché.
  3   Jardin de l'Archevêché.
  4   Rue du Chapitre.
  5   Cloître N. Dame.
  6   R. Chanoinesse.
  7   R. N. Dame.
  8   R. S. Christophe.
  9   R. des Canettes & Cocatrice.
10   R. de la Licorne.
11   R. Perpignan.
12   R. des deux Hermites.
13   R. S. Pierre-aux-Bœufs.
14   R. de la Colombe.
15   R. Chef S. Landri.
16   R. haute , basse & milieu S. Landri.
17   R. Glatigni.
18   R. du-haut-Moulin.
19   S. Landri.
20   Parvis N. Dame.
21   L'Hôtel-Dieu.
22   R. du Marché-Palu.
23   R. de la Juiverie.

24 Marché-neuf.
25 R. de la Calandre.
26 R. Carcuissons.
27 R. de la Calandre.
28 R. Savaterie.
29 R. aux Fêves.
30 Place des Barnabites.
31 R. Gervais-Laurent.
32 R. de la Draperie.
33 S. Barthelemi.
34 R. Pelleterie.
35 R. des Marmouzets.
36 Cour-du-Palais.
37 La Sainte-Chapelle.
38 R. Sainte-Anne.
39 R. Nazareth.
40 R. S. Louis.
41 R. Barillerie.
42 R. S. Eloi.
43 R. S. Barthelemi.
44 Cour neuve du Palais.
45 Cour de Lamoignon.
46 Quai des Orfèvres.
47 R. du Harlai.
48 Place-Dauphine.
49 Quai des Morfondus & de l'Horloge.
50 Pont-Neuf & Henri IV.
51 La Samaritaine.
52 Pont-au-Change.
53 Pont N. Dame.
54 R. de la Lanterne.
55 Hôtel des Ursins.
56 R. d'Enfer.
57 Port S. Landri.

58 Pont-rouge.
59 Abreuvoir.
60 Le Terrain.
61 Quai d'Orléans.
62 R. Regratier.
63 R. Guillaume.
64 R. S. Louis.
65 R. de la Femme-sans-tête.
66 Quai de Bourbon.
67 Quai d'Alençon ou d'Anjou.
68 Pont-Marie.
69 Quai d'Alençon ou d'Anjou.
70 R. Bretonvilliers.
71 R. Pouletier.
72 Quai des Balcons ou Dauphin.
73 Pont de la Tournelle.
74 R. des Deux-Ponts
75 Pont-Gramont.
76 Ile-Louvier.

QUARTIER S. ANDRÉ-DES-ARCS.

SES bornes sont : au levant, les rues du Petit-pont & de S Jacques; au midi, les rues des fossés S. Germain des prés, des Francs-bourgeois, des Fossés S. Michel ou de S. Hiacinthe, jusqu'au coin des rues S. Jacques & de S. Thomas; au couchant, la rue Dauphine; au nord, la rivière, depuis le Petit châtelet jusqu'au coin de la rue Dauphine. Il comprend :

77. R. Hurepoix.
78 Pont S. Michel.

QUARTIER

QUARTIER SAINT-BENOIT,
ET FAUBOURG S. MARCEAU.

Il est borné : au levant, par la place-Maubert ; au midi, par le faubourg S. Jacques ; au couchant, par les rues du Petit-pont & de S. Jacques ; au nord, par la riviere & le Petit-Châtelet. Il comprend :

144 R. des fossés S. Jacques.
145 R. de la Bretonerie.
146 R. S. Etienne-des-Grecs.
147 R. des Mores.
148 Place de Cambrai.
149 R. S. Jacques.
150 S. Jean-de-Latran.
151 R. S. Jean-de-Latran.
152 R. Fromentel.
153 R. du Mont S. Hilaire.
154 R. S. Jean-de-Beauvais.
155 R. des Carmes.
156 S. Ives.
157 R. des Noyers.
158 R. du Plâtre.
159 R. Galande.
160 R. du Petit-pont.
161 R. de la Bucherie.
162 Pont de l'Hôtel-Dieu.
163 R. S. Julien-le-pauvre.
164 R. du Fouare.
165 R. des Rats.
166 Le Grand-degré.
167 R. Pavée de la place-Maubert.

B

203 R. des Capucins.
204 R. de la Santé.
205 R. de l'Ourſine.

****

QUARTIER DE LA PLACE-MAUBERT, ET FAUBOURG S. MARCEAU.

SES bornes ſont : au levant , le faubourg S. Victor ; au midi le faubourg S. Marceau ; au couchant , le marché de la place-Maubert ; au nord , le quai de la Tournelle & de S. Bernard. Il comprend :

206 R. des Grands-Dégrés.
207 Place-Maubert.
208 R. Perdue.
209 R. de Bièvre.
210 R. des Bernardins,
211 R. Traverſine.
212 R. S. Nicolas.
213 R. du Murier.
214 R. du Paon.
215 R. du Bon-puits.
216 R. de Verſailles.
217 R. d'Arras.
218 Les Bernardins.
219 R. S. Victor.
220 R. des Foſſés-S. Bernard.
221 Quai des Miramiones & de la Tournelle.
222 La Tournelle & la Porte S. Bernard.
223 Halle au Vin.
224 R. S. Victor.
225 R. de Seine.

226 R. des Boulangers.
227 R. Clopin.
228 R. des Fossés-S. Victor & de la Doctrine
      Chrétienne.
229 R. de la Contrescarpe.
230 R. Neuve-S. Étienne.
231 R. Coupeaux.
232 R. Neuve-S. Médard.
233 R. Gratieuse.
234 R. Tripelet.
235 R. Française.
236 R. de la Clef.
237 R. du Batoir.
238 R. Neuve-d'Orléans.
239 R. des Fontaines.
240 R. Charité.
241 R. du Pont-aux-Biches.
242 R. Censier.
243 R du Noir.
244 R. de l'Épée-de-bois, & Champ-d'Albiac.
245 R. du Fer-à-moulin.
246 R. du Petit-Moine.
247 R. S. Martin.
248 R. des Francs-Bourgeois.
249 S. Marcel.
250 R. Creuse.
251 R. de la Reine-Blanche.
252 R. des Hauts-fossés-S. Marcel.
253 R. du Banquier.
254 Marché-aux-chevaux.
255 R. Maquignone.
256 R. Poliveau.
257 R. du Marché-aux-chevaux.
258 R. du Jardin-du-Roi.

259 R. du Gros-caillou.
260 Rivière des Gobelins.
261 R. de la Barre.
262 Clamart, & rue-de la Muette.
263 R. des Trois couronnes.
264 R. Pierre-Sarrasin.
265 R. de Bièvre.
266 R. du Faubourg-S. Marceau.
267 R. des Gobelins.
268 Les Gobelins.
269 R. Croulebarbe.
270 R. des Marmouzets.
271 R. Mouffetard.
272 R. S. Hyppolite.
273 R. de la Folie.
274 R. de la Barrière.
275 R. Fermée.
276 R. des Anglaises.
277 Chemin de Gentilli.
278 Boulevard.
279 Route de Fontainebleau.
280 Hôpital-Général.
281 Emplacement de la Gare.

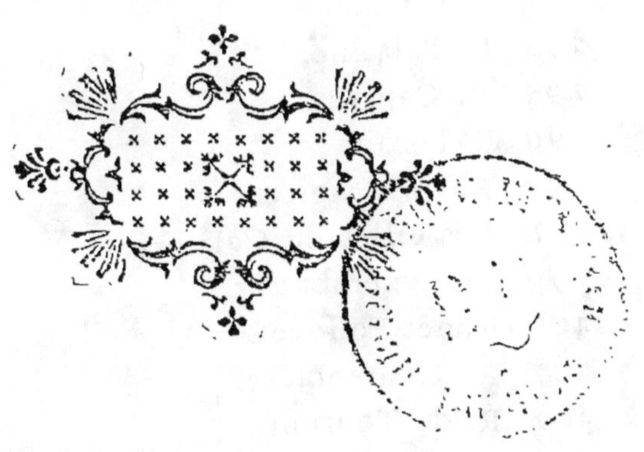

QUARTIER DU LUXEMBOURG,
ET FAUBOURG S. JACQUES.

SES bornes sont: au levant, la rue du faubourg S. Jacques; au midi, le faubourg S. Michel; au couchant, les rues de Sève & du Four; au nord, la rue des Fossés-de-M.-le-Prince, & la porte-S.-Michel. Il comprend:

282 Foire S. Germain.
283 R. des Aveugles.
284 R. du Brave.
285 R. des Quatre-vents.
286 R. du Petit-lion.
287 R. du Cœur-volant.
288 R. du Four.
289 R. de la Treille.
290 R. de Bissi.
291 R. Princesse.
292 R. Guisarde.
293 S. Sulpice.
294 R. Palatine.
295 R. Canivet.
296 R. Ferou.
297 R. de Vaugirard.
298 Les Filles du Calvaire.
299 Le Luxembourg.
300 R. des Fossoyeurs.
301 R. Guarencière.
302 R. de Tournon.
303 R. de Condé.

304 R. des Fossés-de-M.-le-Prince.
305 R. de Vaugirard.
306 R. d'Enfer.
307 R. Hyacinte.
308 R. S. Thomas.
309 R. S. Dominique.
310 R. Sainte-Catherine.
311 R. Cimetière S. Jacques.
312 Les Chartreux.
313 R. S. Jacques.
314 R. d'Enfer.
315 R. de la Bourbe.
316 R. Maillet.
317 R. des Deux-Anges.
318 R. de l'Observatoire.
319 R. du Faubourg-S. Jacques.
320 R. N. Dame-des-champs.
321 R. Vieille-Tuilerie.
322 R. Honoré-Chevalier.
323 R. Pot-de-fer.
324 R. du Gindre.
325 R. Carpentier & Mezière.
326 R. Neuve-Guillemin.
327 R. des Canettes.
328 R. du Vieux-colombier.
329 R. Beurier, ou de la Corne.
330 La Croix-Rouge.
331 R. Cassette.
332 R. de Sève.
333 R. du Chasse-midi.
334 R. du Regard.
335 R. Bagneux.
336 Petite-rue-du-Bacq.
337 R. Sainte-Placide.

338 R. S. Maur.
339 R. S. Romain.
340 R. Barouillère.

FAUBOURG SAINT-GERMAIN,
ET QUARTIER S. GERMAIN-DES-PRÉS.

LE quartier S. Germain est borné ; au levant, par les rues Dauphine & de Buffi ; au midi, par les rues de Sève & du Four ; au couchant, par le faubourg S. Germain ; au nord, par la riviere. Il comprend :

341 R. des Brodeurs.
342 R. Traverse.
343 R. Rousselet.
344 R. Plumet ou Blaumet.
345 R. Olivet.
346 R. Babylone.
347 R. de Sève.
348 R. de la Chaise.
349 R. du Four.
350 R. du Sabot.
351 R. de l'Égout.
352 R. des Cizeaux.
353 R. Sainte-Marguerite, & rue Tarane.
354 R. Abbatiale.
355 R. Cardinale.
356 R. de l'Échaudé.
357 R. Guichet.
358 Marché S. Germain.
359 R. de Buffi & des Boucheries.
360 R. de Seine.

361 R. des Mauvais-garçons.
362 R. du Colombier.
363 R. des Marais.
364 R. Jacob.
365 R. des Deux-Anges.
366 R. S. Benoît.
367 Petite-rue-Tarane.
368 R. du Sépulchre.
369 R. des SS. Prèes.
370 R. des Rosiers.
371 R. de la Planche.
372 R. S. Guillaume.
373 R du Bacq.
374 R. de Grenelle.
375 R. de Varenne.
376 R. Hillerin-Bertin.
377 R. S. Dominique.
378 R. de Bourgogne.
379 R. de l'Université.
380 Ile-des-Cignes.
381 Gros-Caillou.
382 R. de Belle-Chasse.
383 Bains publics.
384 R. de Bourbon.
385 R. Potier.
386 R. de Verneuil.
387 R. Quai-d'Orsai.
388 R. de Beaune.
389 Quai des Théatins.
390 Pont-Royal.
391 R. Sainte-Marie.
392 R. des SS. Pères.
393 R. des Petits-Augustins.
394 R. Mazarine.

395 R. Guénegaud.
396 Quai des Quatre-Nations & de Conti.
397 R. de Nevers.
398 R. Mazarine.
399 R. d'Anjou.

Quartiers de la Partie septentrionale.

QUARTIER DE S. JACQUES
DE LA BOUCHERIE.

SES bornes sont : au levant, les rues Plan-che - Mibrai , des Arcis & de S. Martin; au midi , la rue & le quai de Gêvres; au couchant, la rue S. Denis , depuis le coin de la rue aux Ours jusqu'à la rue de Gêvres, y compris le marché de l'Apport - Paris & le Grand-Châtelet ; & au nord , la rue aux Ours. Il comprend :

1 R. S. Jerôme.
2 R. de Gêvres.
3 Quai de Gêvres.
4 R. du Pied-de-Bœuf.
5 R. de la Place-aux-Veaux.
6 R. S. Jacques-de-la-Boucherie.
7 R. Savonerie.
8 S. Jacques de la Boucherie.
9 R. des Ecrivains.
10 Rue d'Avignon.
11 R. Trop-va-qui-dure.
12 Grand-Châtelet.
13 R. Joyalerie.

14 R. Pierre-aux-Poiſſons.
15 Apport-Paris.
16 R. S. Denis.
17 R. de la Heaumerie.
18 Petite-rue-Marivaux.
19 R. Trognon.
20 R. Marivaux.
21 R. du Crucifix.
22 R. Savonerie.
23 R. des Trois-Mores.
24 R. de la Vieille-monnoie.
25 R. des Lombards.
26 R. Trouſſe-vache.
27 R. Aubri-le-Boucher.
28 R. de Veniſe.
29 R. Ognard.
30 R. de S. Magloire, & Salle-au-Comte.
31 R. des Cinq-diamans.
32 R. Quincampoix.
33 R. aux Ours.

QUARTIER SAINTE-OPPORTUNE.

Il est borné : au levant, par le marché de l'Apport-Paris ; au midi, par les quais la Vieille-Vallée-de-Misere & de la Mégisserie ; au couchant, par les rues du Roule & de la Monnoie, & par le carrefour des Trois-Maries ; au nord, par la rue de la Ferronerie, y compris les Charniers des SS. Innocens du côté de la même rue, & par la rue S. Honoré, depuis la rue de la Ferronerie jusqu'au coin des rues du Roule & des Prouvaires. Il comprend :

34 R. Monceau S. Gervais.
35 Quai de la Ferraille.
36 R. des Lavandières.
37 Place du Chevalier-du-Guet.
38 R. Harengerie.
39 R. Courtalon.
40 R. des des Lavandières.
41 R. du Chevalier-du-Guet.
42 Sainte-Opportune.
43 R. de l'Abreuvoir-Marion.
44 R. S. Germain-de-l'Auxerrois.
45 R. Perrin-Gasselin.
46 R. Jean-Lentier.
47 R. des Deux-boules.
48 R. S. Eloi.
49 R. Bertin-Poirée.
50 R. des Quenouilles.
51 R. des Fuseaux.

52 R. Tibautaudé.
53 Quai de la Ferraille.
54 Carefour des Trois-Maries.
55 R. de la Monnoie.
56 R. Tibautaudé.
57 R. Bétiſi.
58 R. des Bourdonnois.
59 R. des Déchargeurs.
60 R. des Mauvaiſes-paroles.
61 R. du Plat-d'étain.
62 R. des Foureurs.
63 R. de la Ferronerie.
64 R. de la Limace.
65 R. Tirechape.
66 R. du Roule.
67 R. des Foſſés-S. Germain-de-l'Auxerrois.
68 R. Baillet.

QUARTIER DES HALLES.

Ses bornes ſont : au levant, la rue S. Denis, depuis le coin de la Ferronerie juſqu'au coin de la rue Monconſeil ; au midi, la rue de la Ferronerie, & partie de celle S. Honoré ; au couchant, les rues Comteſſe-d'Artois & de la Tonnellerie ; au nord, la rue Monconſeil. Il comprend :

69 Les SS. Innocens.
70 R. aux-Fers
71 R. de la Ferronerie.
72 R. Au-Lard.
73 R. de la Poterie.

✳✳✳✳✳✳✳✳✳✳✳✳✳✳✳✳✳✳✳✳✳

QUARTIER DE LA GREVE

Ses bornes ſont : au levant, les rues Bar-
du-Bec, de Sainte-Avoie & du Temple ; au
midi, la rue de la Verrerie, depuis le coin
de la rue S. Martin & de la grande rue du
faubourg ; au nord, les extrémités du faubourg. Il comprend :

97 R. de la Tacherie.
98 R. S. Bon.
99 R. de la Poterie.
100 R. des Coquilles.
101 R. du Cocq.
102 R. des Deux-portes.
103 R. des Mauvais-Garçons.
104 R. des Audriettes.
105 R. Plumet, ou Pernelle.
106 R. de Long-pont.
107 Ruelle.
108 Ruelle.
109 R. des Barres.
110 S. Gervais.
111 R. Renaud-le-Fèvre.
112 R. de Berci.
113 R. Pourtour.
114 R. Grenier-sur-l'eau.
115 R. de la Mortelerie.
116 Marché du Cimétière-S. Jean.
117 Place-de-Greve.
118 R. Maltois.
119 R. de Monceau.
120 R. Jean-de-l'Epine.
121 R. du Mouton.
122 R. des Vieilles-Garnisons.
123 R. du Fet-au-Diable.
124 R. de la Tisseranderie.

QUARTIER SAINT-PAUL.

SES bornes sont : au levant, les remparts, depuis la rivière jusqu'à la porte S. Antoine; au midi, les quais, depuis le coin de la rue Geofroi-Lanier jusqu'à l'extrémité du Mail; au couchant, la rue Géofroi-Lanier; au nord, la rue S. Antoine. Il comprend :

125 R. Geofroi-Lanier.
126 R. Paon-blanc.
127 R. Mazure.
128 Place-aux-veaux & quai des Ormes.
129 Quai-S. Paul.
130 Port & rue S. Paul.
131 Quai des Célestins.
132 R. des Lions.
133 R. Neuve-S. Paul.
134 R. des Trois-Pistolets.
135 R. de la Serisaie.
136 R. de Lesdiguières.
137 La Bastille.
138 R. du Petit-Musc.
139 R. Gerard-Boquet.
140 R. Beautreillis.
141 R. S. Paul
142 R. des Jardins.
143 R. des Prêtres-S. Paul & S. Anastase
144 R. de Fourci.
145 R. Percée
146 R. des Nonaindières.
147 R. des Fauconiers.

148 R. des Barrés.
149 R. du Figuier.
150 R. de Joui.

QUARTIER SAINT-MARTIN.

Ses bornes font : au levant, les rues Bar-du-Bec, de Sainte - Avoie & du Temple ; au midi, la rue de la Verrerie, depuis le coin de la rue S. Martin jusqu'au coin de la rue Bar-du-Bec ; au couchant, la rue S. Martin & la grande rue du faubourg ; au nord, les extrémités du faubourg. Il comprend :

151 R. de la Verrerie.
152 R. Neuve-S. Merri.
153 R. Taille-pain.
154 R. S. Merri.
155 R. Brife-miche.
156 R. du Renard.
157 R. Pierre-au-lard.
158 R. Maubué.
159 R. Simon-le-franc.
160 R. Geofroi-Langevin.
161 R. de la Corroyerie.
162 R. des Étuves.
163 R. des Meneftriers.
164 R. Petit-champ.
165 R. Court-du-More.
166 R. Beaubourg & Tranfnonain.
167 R. Grenier-S. Lazare.
168 R. Michel-le-Comte.
169 R. Sainte-Avoie.

C 3

170 R. Montmorenci.
171 R. Courteau-vilain.
172 R. Chapon & du Cimétière-S. Nicolas.
173 R. Jean-Robert & des Gravilliers
174 R. Aumaire.
175 R. des Vertus.
176 R. Phelipeaux.
177 R. Frépillion, de la Croix, & du Pont-aux-
       Biches.
178 R. des Fontaines.
179 R. Neuve-S. Laurent & du Vert-bois.
180 R. de Nazaret & rue Neuve-S. Martin.
181 R. Mêlée.
182 R. du Faubourg-du-Temple.
183 R. de Carême-prenant.
184 R. des Marais-S. Martin.
185 R. des Recolets.
186 R. des Fossés-S. Martin.

QUARTIER ET FAUBOURG
SAINT-ANTOINE.

IL est borné : au nord & au levant, par les
extrémités des faubourgs du Temple & Saint-
Antoine ; au midi, par les rues S. Antoine,
depuis le coin de la Vieille-rue du Temple
jusqu'à l'extrémité du faubourg ; au couchant,
par la Vieille-rue du Temple, depuis les coins
des rues des Quatre-fils & de la Perle jusqu'à
la rue S. Antoine. Il comprend :

187 R. Cloche-perse.
188 R. Tiron.

189 R. des Rofiers.
190 R. des Juifs.
191 R. des Écouffes.
192 R. du Roi-de-Sicile & des Balets.
193 R. Pavée.
194 R. des Trois-pavillons.
195 R. Payenne.
196 R. Barbette.
197 R. des Francs-Bourgeois.
198 R. Culture-Sainte-Catherine.
199 R. S. Loüis.
200 R. des Minimes.
201 R. du Foin.
202 R. du Parc-Royal.
203 R. Neuve-Sainte-Catherine.
204 R. Royale.
205 R. de l'Égoût-Sainte-Catherine.
206 R. des Tournelles.
207 R. Jean-Beaufire.
208 R. du Rempart.
209 R. S. Antoine.
210 R. du Pas-de-la-mule.
211 Grand-Boulevard.
212 R. de la Contrefcarpe.
213 Porte-S. Antoine.
214 R. de Charonne.
215 R. du Faubourg-S. Antoine.
216 Moufquetaires-Noirs.
217 Les Enfans-Trouvés.
218 R. de Lapé.
219 R. S. Nicolas.
220 R. de la Contrefcarpe.
221 R. des Terres-fortes.
222 Paffage.

223 R. de Berci.
224 R. Traverfine.
225 R. des Filles-Anglaifes ou Moreau.
226 R. de Charenton & de la Planchette.
227 R. de Reuilli.
228 Petite rue de Reuilli.
229 R. des Buttes.
230 R. du Faubourg S. Antoine.
231 R. des Picpus.
232 R. Sainte-Marguerite.
233 Eglife-Sainte-Marguerite.
234 Boucherie du Faubourg S. Antoine.
235 R. S. Bernard.
236 R. du Petit-Jardinet.
237 R. de Montreuil.
238 R. des Boulets.
239 R. du Trône.
240 R. du Bas-froid.
241 R. de la Roquette.
242 Hofpitalières de la Roquette.
243 R. des Murs de la Roquette.
244 R. de la Muette.
245 R. des Rats.
246 R. de la Folie-Renaud.
247 R. S. André.
248 R. des Murs de la Roquette.
249 R. des Amandiers.
250 R. S. Sébaftien.
251 R. de Menil-montant.
252 R. de Popincourt.
253 R. de Pincourt.

QUARTIER DU TEMPLE
OU DU MARAIS.

S ES bornes font : au levant, le rempart
& la rue de Menil-montant ; au midi, les
rues des Quatre-fils, de la Perle, du Parc-
Royal, & Neuve-S. Gilles ; au couchant &
au nord, les faubourgs du Temple & de la
Courtille. Il comprend :

254 R. de la Corderie.
255 R. Porte-foin.
256 R. Paftourelle.
257 R. du Temple.
258 Eglife du Temple.
259 R. de Vendôme.
260 R. Charlot.
261 R. Saintonge.
262 R. de Normandie.
263 R. Boucherat.
264 R. Forez.
265 R. Beaujolois.
266 R. de Bretagne.
267 R. de Perigueux.
268 R. de Berri.
269 R. de Beaume.
270 R. des Enfans-rouges.
271 R. du Grand-chantier.
272 R. des Vieilles-Audriettes.
273 R. des Quatre-fils.
274 R. des Oifeaux.
265 R. d'Orléans.

276   R. d'Anjou.
277   R. de Touraine.
278   R. de Limoge.
279   R. de la Marche.
280   R. des Filles-du-Calvaire.
281   Réfervoir de la ville.
282   R. du Pont-aux-choux.
283   R. Ofeille.
284   R. de Poitou.
285   R. de l'Échaudé.
286   R. Perche.
287   R. de la Perle.
288   R. Culture-S. Gervais.
289   Vieille rue du Temple.
290   R. de Torigni.
291   R. S. Gervais.
292   R. Françaife.
293   R. du Roi-doré & S. Anaftafe.
294   R. du Parc-Royal.
295   R. S. Louis.
296   R. des Douze-portes.
297   R. S. Pierre.
298   R. Neuve-S. Gilles.
299   Petite-rue S. Gilles.
300   R. du Harlai.
301   R. S. Claude.
302   Grand-Boulevard.

QUARTIER SAINTE-AVOIE.

Il est borné : au levant, par la Vieille-rue du Temple ; au midi, par la rue de la Verrerie ; au couchant, par les rues Sainte-Avoie & Bar-du-Bec ; au nord, par les rues des Quatre-fils & des Vieilles-Audriettes. Il comprend :

303 R. de la Verrerie.
304 R. Bar-du-Bec.
305 R. des Billettes.
306 R. de Mouci.
307 R. Bourtibourg & Croix-blanche.
308 Vieille Rue du Temple.
309 R. Sainte-Croix de la Bretonerie.
310 R. des Singes.
311 R. du Puits.
312 R. des Blancs-Manteaux.
313 R. du Plâtre.
314 R. de l'Homme-armé.
314 R. de la Merci ou du Chaume.
315 R. Sainte-Avoie.
316 R. de Bracq.
317 Hôtel-de-Soubise.
318 R. de Soubise.
319 R. de Paradis.
320 Vieille-Rue du Temple.

QUARTIER SAINT-DENIS.

Il est borné : au levant, par la rue Saint-Martin & celle du faubourg ; au midi, par les rues aux-Ours & Monconseil ; au couchant, par les rues Sainte-Anne, des Poissoniers & Montorgueil, jusqu'au coin de la rue Monconseil ; au nord, par les faubourgs S. Denis & S. Lazare. Il comprend :

321 R. S. Martin.
322 R. du Grand-hurleur.
323 R. Bourlabbé.
324 R. Guérin-Boisseau.
325 R. S. Martin.
326 R. Grenata.
327 R. Monconseil.
328 R. Aux-Ours.
329 R. du Petit-hurleur.
330 R. S. Sauveur.
331 R. du Petit-Lion.
332 R. Française.
333 R. Pavée.
334 R. Tireboudin.
335 R. Beaurepaire.
336 R. S. Sauveur.
337 R. du Renard.
338 R. des Deux-portes.
339 R. Thevenot.
340 R. Neuve-S. Sauveur.
341 R. de Bourbon.
342 R. Sainte-Foi.

343 R. S. Claude.
344 R. S. Philippe.
345 R. de Cléri.
346 R. Beauregard.
347 R. de la Lune.
348 R. Bonne-Nouvelle.
349 R. Sainte-Barbe.
350 R. S. Étienne.
351 R. Recouvrance.
352 Cour-des-miracles.
353 R. des Filles-Dieu.
354 R. S. Denis.
355 R. des Égouts.
356 R. Longue-allée.
357 R. Neuve-S. Denis.
358 R. Sainte-Apolline.
359 Porte-S. Martin.
360 R. des Filles-Dieu.
361 Porte-S. Denis.
362 R. Basse-ville.
363 R. des Fossés-S. Denis.
365 R. du Faubourg-S. Denis.
366 R. du Faubourg-S. Laurent.
367 R. du Faubourg-S. Lazare.
368 R. du Paradis.
369 R. S. Laurent.
370 Foire-S. Laurent.

❋❋❋❋❋❋❋❋❋❋❋❋❋❋❋

QUARTIER SAINT - EUSTACHE.

IL eſt borné : au levant , par les rues de
Tonnellerie , Comteſſe-d'Artois & Montorgueil , juſqu'au coin de la rue Neuve-Saint-
Euſtache ; au midi , par la rue Saint-Honoré
au couchant , par la rue des Bons-Enfans
au nord , par les rues Neuve-Saint-Euſtache
des Foſſés-Montmartre & la Place-des-Victoires. Il comprend :

371 R. de Varenne & de Vanne.
372 R. Babille.
373 R. Mercier.
374 R. de Sartine.
375 R. Carignan.
376 R. de la Tonnellerie.
377 R. des Prouvaires.
378 R. du Four.
379 R. des Vieilles-Étuves.
380 R. d'Orléans.
381 R. des Deux-Écus.
382 R. de Grenelle.
383 R. du Bouloi.
384 R. Plâtrière.
385 R. Trainée & Portail-S. Euſtache.
386 R. du Jour.
387 R. Comteſſe-d'Artois.
388 R. Tiquetonne.
389 R. Montorgueil.
390 R. Neuve-S. Euſtache.
391 R. du Bout-du-monde.

392 R. du Petit-carreau.
393 R. Montmartre
394 R. des Fossés-Montmartre.
395 R. des Vieux-Augustins.
396 R. Coqueron & de la Jussienne.
397 R. du Petit-reposoir.
398 R. Pagevin.
399 R. Verdelet.
400 R. Coquillière.
401 R. Croix-des-petits-champs.
402 R. Bailli.

QUARTIER DU LOUVRE.

Il est borné : au levant, par le carrefour des Trois-Maries, & par les rues du Roule & de la Monnoie ; au midi, par la rivière ; au couchant, par la rue Fromenteau ; au nord, par la rue S. Honoré, y compris le Cloître-S. Honoré, depuis les coins des rues du Roule & des Prouvaires. Il comprend :

403 R. Jean-S. Denis.
404 R. du Chantre.
405 R. Champ-fleuri.
406 R. du Coq.
407 R. R. du Louvre.
408 R. du Petit-Bourbon & des Poulies.
409 R. Jean-Tison.
410 R. de l'Arbre-sec.
411 R. de Demi-Saint.
412 R. des Fossés-S. Germain.
413 R. Bailleul.

414 R. des Prêtres-S. Germain.
415 Quai-de-l'École & de Bourbon.
416 Port-S. Nicolas.

QUARTIER DU PALAIS-ROYAL

Il est borné : au levant, par les rues Fromenteau & des Bons-Enfans ; au midi, par les quais, depuis le premier du côté du quai de l'École ; au couchant, par le fauboug S. Honoré ; au nord, par la rue Neuve-des-petits-champs. Il comprend :

417 R. Doyenné-Marignon.
418 Quai & Galleries du Louvre.
419 R. des Orties.
420 R. S. Thomas-du-Louvre.
421 R. Fromenteau.
422 R. S. Nicaife.
423 R. du Carousel.
424 R. S. Louis.
425 R. de l'Échelle.
426 R. du Rampart.
427 R. des Boucheries.
428 R. de Richelieu.
429 R. des Bons-Enfans.
430 R. Neuve des Bons-Enfans.
431 R. de Toulouse.
432 R. de Langlade.
433 R. des Frondeurs.
434 R. Traversière.
435 R. Sainte-Anne.
436 R. du Moulin & Royale.

437 R. Vantadour
438 R. Thérèfe.
439 R. des Orties.
440 R. Mulets.
441 R. des Moineaux.
442 R. l'Évêque.
443 R. d'Argenteuil.
444 R. S. Honoré.
445 R. Neuve-S. Roch.
446 R. de la Sourdière.
447 R. des Capucines, & Neuve - des - petits-
      champs.
448 R. Luxembourg.
449 R. Orangerie.
450 R. Royale où du Rampart.
451 R. Bonne-morue.
     R. S. Vincent ou du Dauphin, *écrite.*
     R. du Hazard, *écrite.*
     R. Villedot, *écrite.*

QUARTIER MONTMARTRE.

SES bornes font : au levant, les rues Poif-
fonnière & de Sainte-Anne, jufqu'à l'extrémité des faubourgs ; au midi, la rue Neuve-
des-petits-champs , la Place - des-Victoires,
les rues des Foſſés-Montmartre, & Neuve-
S. Euſtache ; au couchant, les Marais des
Porcherons ; au nord , les extrémités des
faubourgs. Il comprend :

452 R. des Petits-Pères.
453 R. du Mail.

454 R. Vide-gouſſet.
455 R. de la Feuillade.
456 R. de la Vrillière.
457 Place-des-Victoires.
458 R. S. Pierre.
459 R. de Cléri.
460 R. S. Roch.
461 R. S. Joſeph.
462 R. du Croiſſant.
463 R. des Jeûneurs.
464 R. du Gros-Chenet.
665 R. du Sentier.
466 R. Poiſſonnière.
467 R. S. Fiacre.
468 R. S. Marc.
469 R. Feideau.
470 R. des Filles-S. Thomas.
471 R. Joquelets.
472 R. N. Dame-des-Victoires.
473 R. Vivienne.
474 R. de Richelieu.
475 R. Sainte-Anne.
476 R. Neuve-S. Auguſtin.
477 R. Gaillon.
478 R. d'Antin.
479 R. de Louis-le-Grand.
480 R. de la Grange-Batelière.
481 R. du Faubourg-Montmartre.
482 Voirie du Faubourg-Montmartre.
483 R. d'Enfer.
484 R. N. Dame-de-Lorette.
485 R. S. George.
486 R. de la Tour-des-Dames.
487 R. de la Croix-blanche.

488 R. Royale.
489 R. du Cocq.
490 R. de la Grande-Pinte.
491 R. des Porcherons.
492 R. de l'Arcade.
493 R. d'Anjou.
494 R. de la Madelaine de la Ville-l'Evêque.
495 R. de Surenne..
496 R. de la Ville-l'Evêque.
497 R. Sauſſaie.
498 R. Duras.
499 R. d'Agueſſeau.
500 R. du Faubourg-S. Honoré.
501 R. du Roule.
502 R. Villiers.

Après tous ces quartiers & les faubourgs qui leur ſont annexés, connus ſous les noms de :

S. Germain,	S. Martin,
S. Michel,	S. Lazare,
S. Jacques,	S. Laurent,
S. Marceau,	de Richelieu,
S. Victor,	S. Denis,
S. Antoine,	S. Honoré,
du Temple,	Montmartre;

il y a encore le village du Roule à la ſortie du Faubourg-S. Honoré, érigé en faubourg en 1722 à la requiſition des habitans, de même que le village de Chaillot à la ſortie du Cours. Chacun de ces faubourgs a ſes bar-rières. L'on en compte 60 pour tous les dehors de Paris, parmi lesquels il y en a 24 qui ont chacune un Receveur & plusieurs Contrôleurs sédentaires : dans celles de peu d'importance, il n'y a que des Contrôleurs, qui reçoivent également.

AVERTISSEMENT.

Le pas géométrique est de 5 pieds de Roi,
le pas commun de deux pieds & demi. Toutes
les mesures ci-dessus sont du pas commun ;
il faut 4 mille de ces pas pour une lieue pari-
sienne & 2 mille du pas géométrique : les
rues sont marquées dans leur longueur par le
nombre des pas communs , & leur largeur
par la quantité des carosses qui peuvent y passer de front. Le nombre de ces carosses, chacun d'un essieu de 6 pieds , est marqué par
autant de c dans les rues où ils passent aise-
ment , & par autant d'* dans celles où ils
passent difficilement.

TABLE

DES ABRÉVIATIONS.

Quartier de la Cité.   q. Cité.
Ile-S. Louis   I. S. L.
Quartier S. André-des-Arcs.   q. S. And.
Quartier S. Benoît.   q. S. Ben.
Quartier de la Place-Maubert.   q. P. Maub.
Quartier du Luxembourg.   q. Lux.
Quartier S. Germain-des-Prés.   q. S. Germ.
Quartier S. Jacques-de-la-Boucherie. q. S. J. Bou.
Quartier Sainte-Opportune.   q. Ste Opp.

Quartier des Halles.   q. Hall.
Quartier de la Grève.   q. Gr.
Quartier S. Paul.   q. S. Paul.
Quartier S. Martin.   q. S. Mart.
Quartier S. Antoine.   q. S. Ant.
Quartier du Temple.   q. Temp.
Quartier Sainte-Avoie.   q. Ste Av.
Quartier S. Denis.   q. S. Den.
Quartier S. Euſtache.   q. S. Euſt.
Quartier du Louvre.   q. Louv.
Quartier du Palais-Royal.   q. P. Roy.
Quartier Montmartre.   q. Montm.
Faubourg S. Germain.   f. S. Germ.
Faubourg S. Michel.   f. S. Mic.
Faubourg S. Jacques.   f. S. Jacq.
Faubourg S. Marceau.   f. S. Marc.
Faubourg S Victor.   f. S. Vict.
Faubourg S Antoine.   f. S. Ant.
Faubourg du Temple.   f. Temp.
Faubourg S. Martin.   f. S. Mart.
Faubourg S. Laurent.   f. S. Laur.
Faubourg S. Lazare.   f. S. Laz.
Faubourg de Richelieu.   f. Rich.
Faubourg S. Honoré.   f. S. Hon.
Faubourg Montmartre.   f. Montm.
Faubourg S. Denis.   f. S. Den.

Les rues où il n'y a point de chiffre ſont écrites.

RUES DE PARIS

PAR ORDRE ALPHABÉTIQUE.

A

354 Abbatiale, (r.) q. S. Germ. 98 p. c.
59 Abreuvoir, q. Cité.
82 Abreuvoir-Mâcon, q. S. And.
43 Abreuvoir-Marion, (r. de l') q. Ste Opp.
199 Aguesseau, (d') f. S. Hon. 180 p. cc.
179 Amandiers, (r. des) q. S. Ben. 110 p.
249 Amandiers, (r. des) f. S. Ant. 800 p. cc.
293 Anastase, (r. S.) q. Temp. 100 p. cc.
143 Anastase, (r S.) q. S. Paul. 75 p. c.
247 André, (r. S.) f. S Ant. 480 p. c.
81 André-des-Arcs, (S.) q. S. And.
90 André-des-Arcs, (r. S.) q. S. And. 500 p. ccc.
171 Anglais (r. des) q. S. Ben. 125 p. c.
276 Anglaises, (r. des) f. S. Marc. 475 p. cc.
276 Anjou, (r. d') q. Temp. 150 p. ccc.
399 Anjou, (r. d') q. S. Germ. 280 p. cccc.
493 Anjou, (r. d') f. S. Hon. 500 p. ccc.
475 Anne, (r. Ste) q. Montm. 1100 p. ccc.
38 Anne, (r. Ste) q. Cité. 60 p. c.
435 Anne, (r. Ste) q. P. Roy. 300 p. ccc.
478 Antin, (r. d') q. Montm. 60 p. ccc.
209 Antoine, (r. S.) q. S. Ant. 1050 p. ccccc.
358 Apolline, (r. Ste) q. S. Den. 200 p. ccc.
15 Apport-Paris, q. S. Jacq. Bouc.
199 Arbalétre, (r. de l') f. S. Marc. 300 p. ccc.
410 Arbre-sec, (r. de l') q. Louv. 350 p. ccc.

492   Arcade, (r. de l'.) f. S. Hon. 500 p. cc.
  2   Archevêché, q. Cité.
 93   Arcis, (r. des) q. Gr. 300 p. ccc.
443   Argenteuil, (r. d') q. P. Roy. 300 p. ccc
217   Arras, (r. d') q. P. Maub. 110 p. cc.
 27   Aubri-le-Boucher, (r.) q. S. J. Bouc. 100 p. cc.
104   Audriettes, (r. des) q. Gr. 60 p. c.
283   Aveugles, (r. des. q. Lux. 140 p. cc.
393   Auguſtins, (r. des Petits-) q. S. Germ. 300 p. ccc.
476   Auguſtin, (r. Neuve-S.) q. Montm. 600 p. ccc.
 87   Auguſtins, (r. des Grands-) q. S. Aud. 215 p. cc.
395   Auguſtins, (r. des Vieux-) q. S. Euſt. 380 p. ccc.
 10   Avignon, (r. d') q. S. J. Bouc. 90 p. c.
174   Aumaire, (r.) q. S. Mart. 280 p. cc.
315   Avoie, (r. Ste) q. Ste Av. 250 p. ccc.
169   Avoie, (r. Ste.) q. S. Mart. 250 p. ccc.

B

372   Babille, (r.) q. S. Euſt. 25 p. ccc.
346   Babylone, (r.) f. S. Germ. 310 p. cccc.
373   Bacq, (r. du) f. S. Germ. 1000 p. cccc.
336   Bacq, (Petite rue du) q. Lux. 180 p. cc.
335   Bagneux, (r.) q. Lux. 180 p. cc.
 68   Baillet, (r.) q. Ste Opp. 60 p. ccc.
413   Bailleul, (r.) q. Louv. 60 p. **
402   Bailli, (r.) q. S. Euſt. 110 p. c.
383   Bains publics, f. S. Germ.
192   Balets, (r. des) q. S. Ant. 25 p. ccc.
253   Banquier, (r. du) f. S. Marc. 480 p. ccc.
180   Barbe, (r. Ste) q. S. Ben. 110 p. c.
349   Barbe, (r. Ste) q. S. Den. 100 p. cc.

196 Barbette, (r.) q. S. Ant. 180 p. cc.
304 Bar-du-Bec, (r.) q. Ste Av. 110 p. cc.
 41 Barillerie, (r.) q. Cité. 80 p. cc.
340 Barouillère, (r.) q Lux. 180. cc.
261 Barre, (r. de la) f. S. Marc. 125. p. c.
109 Barres, (r. des) q Gr. 180 p. cc.
148 Barrés, (r des) q. S. Paul. 160 p. cc.
274 Barrière, r. de la f. S Marc. 110 p. cc.
 33 Barthelemi, (S.) q. Cité. 110 p. cc.
 43 Barthelemi, (r. S. q. Cité. 100 p. cc.
240 Bas-froid, (r. du f. S Ant 400 p. ccc.
362 Baſſe-ville, (r. q. S Den. 110 p. c.
137 Baſtille, (la q. S Paul.
 98 Battoir, (r. du q. S. And. 115 p. **
237 Battoir, (r. du f. S. Marc. 220 p. cc.
166 Beaubourg, (r.) q. S. Mart. 310 p **
269 Beauce, r. de) q. Te..p. 115 p. cc.
265 Beaujolois, (r. q. Temp. 50 p. cc.
388 Beaune (r. de f. S. Germ. 250 p. ccc.
346 Beauregard, r) q. S. Den. 320 p. cc.
335 Beaurepaire, (r.) q S Den 100 p. **
140 Beautreillier, r.) q. S. Paul. 250 p. cc.
382 Belle-Chaſſe, r. de) f. S. Germ. 320 p. cccc.
366 Benoît, (r. S.) q. S. Germ. 200 p. ccccc.
112 Berci, r. de), q. Gr. 70 p. c.
223 Berci, (r. de f. S. Ant. 600 p. ccc.
235 Bernard, r. S. f. S Ant. 200 p. ccc.
218 Bernardins, les q P. Maub.
210 Bernardins, (r des q. P. Maub. 280 p. cc.
268 Berri, r de q. Temp. 150 p. ccc.
 49 Bertin-Poirée, r. q. Ste Opp. 100. p **
 57 Betiſi, (r.) q. Ste Opp. 210 p. cc.
329 Beurier, (r.) q. Lux. 110. p. c.

E

202 Champ-des- Capucins , f. S. Jacq.   26
405 Champ-fleuri, (r.) q. Louv. 110 p. **   23
124 Chandeliers , (r. des) q. S. And. 25 p. c.   34
  6 Chanoineſſe , (r.) q. Cité. 110 p. **   45
404 Chantre, (r. du) q. Louv. 116 p cc.   189
 81 Chanvrérie , (r.) q. Hall. 80 p. **   133
 37 Chapelle , (la Ste) q. Cité.
  4 Chapitre , (r. du) q. Cité. 35 p. c.   217
172 Chapon, (r.) q. S. Mart. 250 p. cc.   138
101 Charbonniers, (r. des) f. S. Marc. 200 p. ccc.   9
226 Charenton , (r. de) f. S. Ant. 1350 p. cc.   28
240 Charité, (r.) f. S. Mart. 30 p. c.   47
260 Charlot , (r.) q. Temp. 280 p ccc.   14
214 Charonne , (r. de) f. S. Ant. 1600 p. ccc.   362
176 Chartière , (r.) q. S. Ben. 140 p. c.   95
312 Chartreux , (les) q. Lux.   387
125 Chat-qui-pêche , (r. du) q. S. And.   303
314 Chaume , (r. du) q. Ste Av. 200 p. ccc.   89
277 Chemin-de-Gentilli.   195
 41 Chevalier-du-Guet , (r. du) q. Ste Opp.   212
191 Cheval-vert , (r. du) f. S. Marc. 100 p. cc.   220
  8 Chriſtophe , (r. S.) q. Cité. 100 p. cc.   229
 88 Cigne , (r. du) q. Hall. 80 p. c.   489
102 Cimetière-S. André , (r. du) q. S. And.   101
       130 p. cc.
311 Cimetière S. Jacques , (r.) f. S. Jacq.   406
       130 p cc.   396
172 Cimetière-S. Nicolas , (r. du) q. S. Mart.   100
       120 p. cc.   400
 31 Cinq-diamans, (r. des) q. S. J. Bouc. 60 p.   110
352 Cizeaux, (r. des) q. S Germ. 60 p. **   254
301 Claude , (r. S.) q. Temp. 190 p. ccc.   137
343 Claude , (r. S.) q. S. Den. 100 p. c.   77
                                                            329

262   Clamart , f. S. Marc.
236   Clef, (r. de la) f. S. Marc. 310 p. cc.
345   Cléri, (r. de) q. S. Den. ⎱
459   Cléri, (r. de) q. Mont. ⎰ 700 p. cccc.
187   Cloche-perche, (r.) q. S. Ant. 100 p. cc.
133   Cloître-S. Benoit , q. S. And.
  5   Cloître-N. Dame , q. Cité.
227   Clopin, (r.) q. P. Maub. 220 p. cc.
138   Cluni , (r. de) q. S. And. 45 p. c.
  9   Cocatrice , (r.) q. Cité. 50 p. c.
285   Cœur-volant , (r. du) q. Lux. 100 p. **
473   Colbert , (r.) q. Montm. 95 p. ccc.
 14   Colombe, (r. de la) q. Cité. 60 p. *
362   Colombier, (r. du) q. S. Germ. 200 p. ccc.
 95   Comédie , (r. de la) q. S. And. 190 p. cccc.
387   Comtesse-d'Artois, (r.) q. S. Euft. 250 p. cc.
303   Condé, (r. de) q. Lux. 310 p. ccc.
 89   Contrefcarpe , (r.) q. S. And. 40 p. ccc.
195   Contrefcarpe , (r.) f. S. Marc. 140 p. c.
212   Contrefcarpe, (r. de la) q. S. Ant. 40 p. ccc.
220   Contrefcarpe , (r. de la) f. S. Ant.
229   Contrefcarpe , (r. de la) q. P. Maub.
489   Coq, (r. du) f. Mont. 98 p. c.
101   Coq , (r. du) q. Gr. 90 p. **
406   Coq, (r. du) q. Louv. 110 p. **
396   Coqueron, (r.) q. S. Euft. 115 p. cc.
100   Coquilles , (r. des) q. Gr. 60 p. c.
400   Coquillière, (r.) q. S. Euft. 360 p. ccc.
110   Cordeliers , (r. des) q. S. And. 400 p. cc.
254   Corderie , (r. de la) q. Temp. 250 p. ccc.
137   Cordiers , (r. des) q. S. And. 115 p. **
 77   Cordonnerie , (r. de la) q. Hall. 160 p. c.
329   Córne , (r. de la) q. Lux. 100 p. c.

E 3

111 Côme (S.) q. S. And.
 79 Coſſonerie, (r. de la) q. Hall. 90 p. ccc
231 Coupeaux, (r.) f. S. Marc. 460 p. cc.
352 Cour-des-miracles, q. S. Den.
 45 Cour-de-Lamoignon, q. Cité.
 44 Cour-Neuve du Palais, q. Cité.
 36 Cour-du-Palais, q. Cité.
165 Cour-du-More, (r.) q. S. Mart. 180. p.c
161 Corroyerie, (r. de la) q. S. Mart. 110 p.c
 39 Courtalon, (r.) q. Ste Opp. 45 p. c.
171 Courteau-vilain, (r.) q. S. Mart. 250 p.ccc
 96 Coutellerie, (r. de la) q. Gr. 75 p. cc.
250 Creuſe, (r.) f. S. Marc. 250 p. cc.
 88 Criſtine, (r.) q. S. And. 100 p. cc.
462 Croiſſant, (r. du) q. Montm. 200 p. st
307 Croix-blanche, (r. de la) q. Ste Av. 90 p.c
487 Croix-blanche, (r. de la) f. Montm. 100 p.c
309 Croix-de-la-Bretonerie, (r. Ste-) q. Ste Av.
        330 p. ccc.
177 Croix, (r. de-la-) q. S. Mart. 200 p. cc.
401 Croix - des - petits - champs, (r. de la)
        q. S. Euſt. 480 p. ccccc.
330 Croix-Rouge, (la) f S Germ.
269 Croulebarbe, (r.) f. S. Marc. 500 p.
 21 Crucifix, (r. du) q. S. Jacq. Bouc. 90 p.c
198 Culture - Ste - Catherine, (r.) q. S. Ant.
        240 p. ccc.
288 Culture-S. Gervais, (r.) q. Temp. 100 p. ccc

D

DAUPHIN, (r. du) q. P. Roy. 115 p. cc
 92 Dauphine, (r.) q. S. And. 400 p. cccc.
 59 Déchargeurs, (r. des) q. Ste Opp. 80 p. cc

411 Demi-Saint, (r.) q. Louv. 30 p. c.
16 Denis, (r.S.) q. S.J.Bouc. ⎫
354 Denis, (r. S.) q. S. Den. ⎬ 1550 p. ccc.
365 Deux-Anges, (r. des) q. S. Germ. 150 p. cc.
317 Deux-Anges, (r. des) f. S. Jacq. 50 p. c.
47 Deux-boules, (r. des) q. Ste Opp. 50 p. c.
381 Deux-Écus, (r. des) q. S. Euſt. 270 p. cc.
12 Deux-Hermites, (r. des) q. Cité.
74 Deux-ponts, (r. des) I. S. L. 200 p. ccc.
102 Deux-portes, (r. des) q. Gr. 80 p. c.
338 Deux-portes (r. des) q. S. Den. 220 p. ccc.
108. Deux-portes, (r. des) q. S. And. 125 p. c.
228 Doctrine-Chrétienne, (r. de la) q. P. Maub.
　　　200 p. ccc.
417 Doyenné-Matignon, (r.) q. P. Roy. 110 p. cc.
377 Dominique, (r.S.) f. S. Germ. 1500. cccc.
309 Dominique, (r. S.) q. Lux. 215 p. cc.
296 Douze-portes, (r.des) q. Temp. 100 p. cccc.
32 Draperie, (r. de la) q. Cité. 200 p. cc.
498 Duras, (r.) f. S. Hon. 25 p. c.

E

285 Echaudé, (r. de l') q. Temp. 37 p. c.
356 Échaudé, (r. de l') q. S. Germ. 250 p. cc.
425 Échelle, (r. de l') q. P. Roy. 90 p. ccc.
178 Écoſſe, (r. d') q. S. Ben. 60 p. c.
191 Écouffes, (r. des) q. S. Ant. 200 p. *Il y a un eſcalier.*
9 Écrivains, (r. des) q. S. Jacq. Bouc. 80 p. cc.
355 Égoux, (r. des) q. S. Den. 320 p. ccc.
351 Égout, (r. de l') q. S. Germ. 90 p. cc.
205 Égout-Ste-Catherine, (r. de l') q. S. Ant.
　　　80 p. cc.

182 Faub. du Temple , (r. du) 1000 p. cccc.
147 Fauconiers , (r. des) q. S. Paul. 200 p. cc.
469 Feideau , (r.) q. Montm. 290 p. ccc.
 65 Femme - fans - tête , (r. de la) I. S. L.
          80 p. ccc.
245 Fer-à-moulin, (r.du) f. S.Marc. 300p p. ccc.
275 Fermée , (r.) f. S. Marc. 125 p. c.
 63 Ferronerie, (r.de la) q.Ste Op. ?
 71 Ferronerie, (r. de la) q. Hall. S } 120p.ccccc.
296 Ferou , (r.) q. Lux. 250 p. cc.
 70 Fers , (r. aux-) q. Hall. 100 p. **
 29 Fèves , (r. aux-) q. Cité. 115 p. c.
455 Feuillade , (r.de la) q. Montm. 90 p. cccc.
467 Fiacre , ('r. S.) q. Montm. 110 p. cc.
149 Figuier , (r. du) q. S. Paul. 90 p. **
225 Filles-Anglaifes, (r.des) f. S Ant. 210 p. cc.
280 Filles - du - Calvaire , (r. des) q. Temp.
          110 p. ccccc.
298 Filles-du-Calvaire , q. Lux.
353 Filles-Dieu , (r. des) q. S. Den. 80 p. c.
360 Filles-Dieu , (r. des) q. S. Den.
470 Filles - S. Thomas , (r. des) q. Montm.
          200 p. ccc.
131 Foin , (r. du) q. S. And. 130 p. **
201 Foin , (r. du) q. S. Ant. 150 p. c.
164 Fouare , (r. du) q. S. Ben. 110 p. cc.
282 Foire-S. Germain. q. Lux.
370 Foire-S. Laurent , f. S. Den.
273 Folie , (r. de la) f. S. Marc. 25 p. c.
246 Folie-Renaud, (r. de la) f.S.Ant. 300 p. ccc.
378 Fontaines , (r. des) q. S. Mart. 200 p. cc.
239 Fontaines , (r. des) f. S. Mart. 150 p. c.
264 Forez , (r.) q. Temp. 100 p. cc.

220 Foſſés - S. Bernard, (r. des) q. P. Maub.
    420 p. cccc.

363 Foſſés-S. Denis, (r. des) q. S. Den. 90 p. c.

 95 Foſſés-S. Germain, (r. des) q. S. And.

412 Foſſés - S. Germain , (r. des) q. Louv.
    160 p. ccc.

 67 Foſſés-S. Germain-de-l'Auxerrois, (r. des)
    q. Ste Opp. 370 p. cc.

144 Foſſés-S. Jacques, (r. des) q. S. Ben. 90 p. cc.

189 Foſſés-S. Marcel, (r. des) q. S. Ben. 125 p. cc.

186 Foſſés-S. Martin, (r. des) f. S. Mart. 225 p. cc.

394 Foſſés-Montmartre , (r. des) q. S. Euſt.
    200 p. cccc.

114 Foſſés-de-M. le-Prince, (r. des) q. S. And.
    480 p. ccc.

304 Foſſés-de-M. le-Prince , (r. des) q. Lux.
    480 p. ccc.

228 Foſſés - S. Victor , (r. des) q. P. Maub.
    200 p. ccc.

300 Foſſoyeurs , (r. des) q. Lux. 220 p. cc.

378 Four, r. du) q. Euſt. 215 p. cc.

349 Four , (r. du) q. S. Germ. ⎱
288 Four , (r. du) q. Lux. ⎰ 500 p. cc.

188 Fourci , (r. de) q. S. Ben. 200 p. ccc.

144 Fourci , r. de) q. S. Paul 100 p. ccc.

 62 Foureurs , (r. des) q. Ste Opp. 110 p. cc.

342 Foi , (r. Ste) q. S. Den. 50 p. **

332 Françaiſe , (r.) q. S. Den. 60 p. ccc.

292 Françaiſe , (r.) q. Temp. 60 p. cc.

235 Françaiſe , (r.) f. S. Marc. 60 p. cc.

197 Francs - Bourgeois , (r. des) q. S. Ant.
    500 p. cccc.

248 Francs-Bourgeois , (r. des) f. S. Marc.

177 Frepillon, (r.) q. S. Mart. 115 p. cc.

75 Friperie, ou Piliers-des-Halles.

78 Fromagerie, (r. de la) q. Hall. 110 p. **

421 Fromenteau, (r.) q. P. Roy. 313 p. cc.

152 Fromentel, (r.) q. S. Ben. 125 p. c.

433 Frondeurs, (r. des) q. P. Roy. 100 p. c.

51 Fuseaux, (r. des) q. Ste Opp. 25 p.

G

159 GALANDE, (r.) q. S. Ben. 250 p. cc.

418 Galleries du Louvre, q. P. Roy.

477 Gaillon, (r.) q. Montm. 125 p. ccc.

281 Gare. (la)

193 Geneviève, (r. Neuve-Ste-) q. S. Ben.

187 Geneviève (Nouvelle Eglise de Ste-)
q. S. Ben.

185 Geneviève, (Jardin-de-Ste-) q. Ben.

160 Geofroi-Langevin, (r.) q. S. Mart. 120 p. cc.

125 Geofroi-Lanier, (r.) q. S. Paul. 200 p. cc.

485 George, (r. S.) f. Montm. 75 p. c.

139 Gerard-Boquet, (r.) q. S. Paul. 100 p. cc.

44 Germain-de-l'Auxerrois, (L S.) q. Ste Opp.
4000 p. **

110 Gervais , (S.) q. Gr.

291 Gervais , (r. S.) q. Temp. 110 p. ccc.

31 Gervais-Laurent , (r.) q. Cité. 100 p. c.

2 Gêvres , (r. de) q. S. J. Bouc. 250 p. ccc.

298 Gilles, (r. Neuve-S.) q. Temp. 210 p. ccc.

299 Gilles, (Petite-Rue-S.) q. Temp. 100 p. cc.

324 Gindre, (r. du) q. Lux. 100 p. cc.

84 Gît-le-cœur, (r.) q. S. And. 90 p. cc.

17 Glatigni, (r.) q. Cité. 75 p. c.

268 Gobelins, (les) f. S. Marc.

267 Gobelins, (r. des) f. S. Marc. 125 p. cccc.
233 Gracieufe , (r.) f. S. Marc. 280 p. cc.
480 Grange - Batelière , (r. de la) f. Montm. 310 p. cccc.
302 Grand-Boulevard , q. Temp.
211 Grand-Boulevard , q. S. Ant.
271 Grand - Chantier , (r. du) q. Temp. 200 p ccc
 12 Grand-Châtelet , q. S. Jacq. Bouc.
490 Grande-Pinte, r. de la) f. Montm. 500 p. cc.
166 Grand-degré , (le) q. S. Ben.
206 Grands-degrés, r. des, q. P. Maub. 100 p. cc.
173 Gravilliers, r. des q. S. Mart. 280 p. cc.
326 Grenata , (r.) q. S. Den. 280 p. ccc.
382 Grenelle , (r. de q. S. Euft. 300 p. ccc.
374 Grenelle, r. de f S. Germ. 1580 p. cccc.
167 Grenier-S. Lazare, r.) q. S. Mart. 110 p. cc.
114 Grenier-fur-l'eau , r. q. Gr.
 77 Gronière, (r.) q Hall. 75 p.
381 Gros-Caillou , f. S. Germ.
259 Gros-Caillou , r. du f. S. Vict. 240 p. c.
464 Gros-Chenet, r. du q. Montm. 200 p. cc.
301 Guarencière, (r.) q. Lux. 250 p. ccc.
395 Guénegaud, r.) q. S. Germ. 200 p. cc.
324 Guérin-Boiffeau , r. q. S. Den. 215 p. c.
357 Guichet, (r. q S Germ.
372 Guillaume, r. S. f. S. Germ. 110 p. cc.
 63 Guillaume, (r.) I. S. L. 95 p. cc.
292 Guifarde , (r.) q. Lux. 90 p. **

H

 78 HALLE-AU-BLED , q. Hall.
223 Halle-au-vin , f. S. Vict.

```
 38  Harengerie , ( r. ) q. Ste Opp. 110 p. c.
 47  Harlai , ( r. du ) q. Cité. 200 p. ccc.
300  Harlai , ( r. du ) q. Temp. 120 p. c.
118. Harpe, ( r. de la ) q. S. And. ⎱
116  Harpe, ( r. de la ) q. S. And. ⎰ 600 p. cc.
           90 p. **
103  Haute-feuille , ( r. ) q. S. And. 300 p. cc.
252  Hauts-foſſés , ( r. des ) f. S. Marcel.
 18  Haut-moulin , ( r. du ) q. Cité. 110 p. c.
     Hazard , ( r. du ) q. P. Roy. 100 p. cc.
 17  Heaumerie , ( r. de la ) q. S. Jacq. Bouc.
376  Hillerin-Bertin , ( r. ) f. S. Germ. 250 p. ccc.
272  Hippolyte , ( r. S. ) f. S. Marc. 300 p. ccc.
 83  Hirondelle , ( r. de l’ ) q. S. And. 120 p. c.
314  Homme-armé , ( r. de l’ ) q. Ste Av.
444  Honoré, ( r. S. ) q. P. Roy. 2050 , p. cccc.
322. Honoré-Chevalier, ( r. ) q. Lux. 160 p. c.
280  Hôpital-Général.
242  Hoſpitalières de la Roquette , f. S. Ant.
 21  Hôtel-Dieu , q. Cité.
317  Hôtel-de-Soubiſe , q. Ste Av.
 55  Hôtel-des-Urſins , q. Cité.
122  Huchette , ( r. de la ) q. S. And. 190 p. **
 77  Hurepoix , ( r. ) q. S. And. 105 p. cc.
322  Hurleur, ( r. du grand- ) q. S. Den. 115 p. c.
329  Hurleur, ( r. du petit- ) q. S. Den. 80 p. c.
307  Hyacinte , ( r. ) q. Lux. 210 p. ccc.
```

I

```
380  ILE-AUX-CIGNES, f. S. Germ,
 76  Ile-Louvier , q. Cité.
 69  Innocens , ( les SS. ) q. Hall.
156  Ives , ( S. ) q. S. Ben,
```

F

J

No.	Rue	
		150
		386
169	Jacinte, (r.) q. S. Ben. 50 p. c.	12
364	Jacob, (r.) q. S. Germ. 250 p. ccccc.	173
143	Jacobins, (les) q. S. And.	190
142	Jacobins, (Cour-des-) q. S. And.	396
141	Jacobins, (passage-des-) q. S. And.	23
149	Jacques, (r. S.) q. S. Ben. } 900 p. cc.	163
313	Jacques, (r. S.) q. Lux. }	
8	Jacques-de-la-Boucherie, (S.) q. S. Jacq. Bouc.	19
6	Jacques-de-la-Boucherie, (r. S.) q. S. Jacq. Boucherie 150 p. **	15 16
3	Jardin-de-l'Archevêché, q. Cité.	432
236	Jardinet, (r. du petit-) f. S. Ant. 150 p. c.	54
100	Jardinet, (r. du) q. S. And. 110 p. **	118
142	Jardins, (r. des) q. S. Pal. 180 p. cc.	72
258	Jardin-du-Roi, (r. du) f. S. Vict. 300 p. ccccc.	170
76	Jean-de-Beauffe, (r.) q. Hall. 95 p. c.	36
207	Jean-Beaufire, (r.) q. S. Ant. 125 p. cc.	40
154	Jean-de-Beauvais, (r. S.) q. S. Ben. 210 p. cc.	179
403	Jean-S. Denis, (r.) q. Louv. 110 p. **	369
150	Jean-de-Latran, (S.) q. S. Ben.	94
151	Jean-de-Latran, (r. S.) q. S. Ben. 95 p. cc.	136
46	Jean-Lentier, (r.) q. Ste Opp. 50 p. c.	10
120	Jean-de-l'Épine, (r.) q. Gr. 60 p. **	64
95	Jean-pain-molet, (r.) q. Gr. 115 p. **	278
173	Jean-Robert, (r.) q. S. Mart. 115 p. cc.	85
409	Jean-Tison, (r.) q. Louv. 115 p. cc.	200
1	Jerôme, (r. S.) q. S. Jacq. Bouc. 50 p.	132
463	Jeûneurs, (r. des) q. Montm. 215 p. **	23
471	Joquelets, (r.) q. Montm. 80 p. c.	
461	Joseph, (r. S.) q. Montm. 190 p. **	106

150 Joui, (r. de) q. S. Pal. 180 p. cc.

386 Jour, (r. du) q. S. Euft. 130 p. ccc.

 13 Joyalerie, (r.) q. S. Jacq. Bouc. 75 p. c.

173 Judas, (r.) q. S. Ben. 100 p. cc.

190 Juifs, (r. des) q. S. Ant. 100 p. cc.

396 Juiffienne, (r. de la) q. S. Euft. 180 p. cc.

 23 Juiverie, (r. de la) q. Cité.

163 Julien-le-pauvre, (r. S.) q. S. Ben. 90 p. **

L

 19 **L** A N D R I, (S.) q. Cité.

 15 Landri, (r. Chef-S.) q. Cité. 60 p. *

 16 Landri, (r. haute, baffe & milieu S.) q. Cité.

432 Langlade, (r. de) q. Cité.

 54 Lanterne, (r. de la) q. Cité. 75 p. cc.

218 Lapé, (r. de) f. S. Ant. 300 p. ccc.

 72 Lard, (r. au-) q. Hall. 25 p.

170 Lavandières, (r. des) q. S. Ben. 70 p. c.

 36 Lavandières, (r. des) q. Ste Op. ⎱
 40 Lavandières, (r. des) q. Ste Op. ⎰ 225 p. **

179 Laurent, (r. Neuve S.) q. S. Mart. 220 p. cc.

369 Laurent, (r. S.) f. S. Den. 1900 p. cccc.

 94 Lanterne, (r. de la) q. Gr. 75 p. cc.

136 Lefdiguières, (r. de) q. S. Paul. 130 p. cc.

 10 Licorne, (r. de la) q. Cité. 90 p. c.

 64 Limace, (r. de la) q. Ste Opp. 80 p. **

278 Limoge, (r. de) q. Temp. 80 p. c.

 85 Lingerie, (r.) q. Hall. 80 p. cc.

200 Lionnois, (r. des) f. S. Marc. 210 p. cc.

132 Lions, (r. des) q. S. Paul. 160 p. cc.

 25 Lombards, (r. des) q. S. Jacq. Bouc.
         130 p. ccc.

106 Long-pont, (r. de) q. Gr. 110 p. cc.

356 Longue-allée, (r.) q. S. Den. 150 p.   24
 64 Louis, (r. S.) I. S. L. 600 p. ccc.   233
 40 Louis, (r. S.) q. Cité. 100 p. ccc.   132
295 Louis, (r. S.) q. Temp.   353
199 Louis, (r. S.) q. S. Ant. } 700 p. ccccc.   391
424 Louis, (r. S.) q. P. Roy. 50 p. cc.   20
479 Louis - le - Grand, (r. de) q. Montm.   18
     300 p. cccc.
407 Louvre, (r. du) q. Louv. 100 p. cc.   270
347 Lune, (r. de la) q. S. Den. 300 p. cc.   35
299 Luxembourg, (le) q. Lux.   325
448 Luxembourg, (r.) q. P. Roy. 250 p. ccc.   321
                                           180

M

                                           147
104 MACON, (r.) q. S. And. 90 p. cc.   132
135 Maçons, (r. des) q. S. And. 200 p. c.   117
494 Madeleine-de-la-ville-l'Evéque, (r. de la)   118
     f. S. Hon. 3000 p. ccc.   158
 30 Magloire, (r. S.) q. S. Jacq. Bouc. 75 p. c.   338
453 Mail, (r. du) q. Montm. 200 p. cccc.   361
316 Maillet, (r.) f. S. Jacq. 160 p. cc.
255 Maquignone, (r.) f. S. Marc. 80 p. ccc.   103
363 Marais, (r. des) q. S. Germ. 200 p. **   60
184 Marais-S. Martin, f. Temp. 250 p. ccc.
468 Marc, (r. S.) q. Montm. 280 p. ccc.   394
149 Marcel, (S.) f. S. Marc.   398
254 Marché-aux-chevaux, f. S. Marc.   127
257 Marché-aux-chevaux, (r. du) f. S. Marc.   163
     90 p. ccc.   251
279 Marche, (r. de la) q. Temp. 100 p. cc.   314
116 Marché du Cimetière-S. Jean, q. Gr.   373
 22 Marché-Palu, (r. du) q. Cité.   154
358 Marché-S. Germain, q. S. Germ.   152

24 Marché-Neuf, q. Cité.

233 Marguerite, (Eglife-Ste-) f. S. Ant.

232 Marguerite, (r. Ste-) f. S. Ant. 300 p. ccc.

353 Marguerite, (r. Ste-) q. S. Germ. 210 p. cc.

391 Marie, (r. Ste-) f. S. Germ. 50 p. **

20 Marivaux, (r.) q. S. Jacq. Bouc. 160 p. c.

18 Marivaux, (petite rue) q. S. Jacq. Bouc. 75 p. c.

270 Marmouzets, (r. des) f. S. Marc. 110 p. cc.

35 Marmouzets, (r. des) q. Cité. 170 p. **

325 Martin, (r. S.) q. S. Den. ⎰
321 Martin, (r. S.) q. S. Den. ⎱ 1400 p. cccc.

180 Martin, (r. Neuve-S.) q. S. Mart. 280 p. cccc.

247 Martin, (S.) f. S. Mart.

132 Mathurins, (les) q. S. And. ⎰
117 Mathurins, (r. des) q. S. And. ⎱ 200 p. cc.

118 Maltois, (r.) q. Gr. 150 p. cc.

158 Maubué, (r.) q. S. Mart. 120 p. **

338 Maur, (r.) q. Lux. 200 p. cc.

361 Mauvais-Garçons, (r. des) q. S. Germ. 100 p. cc.

103 Mauvais-Garçons, (r. des) q. Gr. 160 p. cc.

60 Mauvaifes - paroles, (r. des) q. Ste Opp. 100 p. **

394 Mazarine, (r.) q. S. Germ. ⎰
398 Mazarine, (r.) q. S. Germ. ⎱ 460 p. cccc.

127 Mazure, (r.) q. S. Paul. 25 p.

163 Méneftriers, (r. des) q. S. Mart. 130 p. c.

251 Ménil-montant, (r. de) f. S. Ant. 400 p. ccc.

314 Merci, (r. de la) q. Ste Av. 95 p. cc.

373 Mercier, (r.) q. S. Euft. 25 p. ccc.

154 Merri, (r. S.) q. S. Mart. 400 p. ccc.

152 Merri, (r. Neuve-S.) q. S. Mart. 95 p. cc.

181 Mêlée, (r.) q. S. Mart. 260 p. cccc.

325 Mezière, (r.) q. Lux. 150 p. cc.

168 Michel - le - Comte, (r.) q. S. Mart. 250 p. cc.

 99 Mignon, (r.) q. S. And. 60 p. **

200 Minimes, (r. des) q. S. Ant. 200 p. ccc.

441 Moineaux, (r. des) q. P. Roy. 150 p. **

 34 Monceau, (r. de) q. Ste Opp.

119 Monceaux-S. Gervais, (r. de) q. Gr. 95 p. cc.

327 Monconfeil, (r.) q. S. Den. 260 p. ccc.

 87 Mondétour, (r.) q. Hall. 200 p. cc.

 55 Monnoie, (r. de la) q. Ste Opp. 200 p. ccc.

 24 Monnoie, (r. de la Vieille-) q. S. Jacq. Bouc.

182 Montagne - Ste - Geneviève, (r. de la) q. S. Ben. 400 p. ccc.

174 Montagne - Ste - Geneviève, (r. de la) q. S. Ben. 400 p. ccc.

153 Mont-S. Hilaire, (r. du) q. S. Ben. 125 p. cc.

393 Montmartre, (r.) q. S. Euft. 1060 p. cccc.

170 Montmorenci, (r.) q. S. Mart. 110 p. cc.

389 Montorgueil, (r.) q. S. Euft. 200 p. ccc.

237 Montreuil, (r. de) f. S. Ant. 800 p. ccc.

225 Moreau, (r.) f. S. Ant. 300 p. cc.

147 Mores, (r. des) q. S. Ben. 75 p.

115 Mortellerie, (r. de la) q. Gr. 700 p. cc.

306 Mouci, (r. de) q. Ste Av. 120 p. cc.

194 Mouffetard, (r.) f. S. Marc. ⎱ 500 p. ccc.
271 Mouffetard, (r.) f. S. Marc. ⎰

436 Moulins, (r. des) q. P. Roy. 90 p. cccc.

216 Moufquetaires-Noirs, f. S. Ant.

121 Mouton, (r. du) q. Gr. 70 p. ccc.

262 Muette, (r. de la) f. S. Marc. 200 p. ccc.

244 Muette , (r. de la) q. S. Ant. 320 p. ccc.
440 Mulets , (r.) q. P. Roy. 25 p. c.
213 Murier , (r. du) q. P. Maub. 50. p. c.
248 Murs-de-la-Roquette , (r. des) f. S. Ant. ⎞
243 Murs-de-la-Roquette , (r. des) f. S. Ant. ⎠

N

39 Nazaret , (r.) q. Cité. 75 p.
180 Nazaret , (r. de) q. S. Mart. 260 p. ccccc.
203 Neuve - Ste - Catherine , (r.) q. S. Ant.
    100 p. ccc.
238 Neuve-d'Orléans , (r.) f. S. Marc. 210 p. ccc.
230 Neuve-S. Etienne , (r.) q. P. Maub. 210 p. c.
326 Neuve-Guillemin , (r.) q. Lux.
232 Neuve-S. Médard , (r.) f. S. Marc. 160 p. cc.
447 Neuve-des-petits-champs , (r.) q. P. Roy.
    710 p. cccc.
397 Nevers , (r. de) q. S. Germ. 16 p. cc.
422 Nicaife , (r. S.) q. P. Roy. 410 p. ccc.
219 Nicolas , (r. S.) f. S. Ant. 250 p. ccc.
212 Nicolas , (r. S.) q. P. Maub. 70 p. cc.
243 Noir , (r. du) f S. Marc. 160 p. c.
146 Nonaindières , (r. des) q. S. Paul. 300 p. ccc.
262 Normandie , (r.) q. Temp. 330 p. c.
1 Notre-Dame , q. Cité.
7 Notre-Dame , (r.) q. Cité , 150 p. ccc.
320 Notre - Dame - des - champs , (r.) q. Lux.
    800 p. cccc.
484 Notre-Dame-de-Lorette , (r.) f. Montm.
    120 p. cc
472 Notre-Dame-des-Victoires , (r.) q. Montm.
    410 p. ccc.
157 Noyers , (r. des) q. S. Ben. 310 p. ccc.

O

112 OBSERVANCE, (r. de l') q. S. And. 200 p. cc.

318 Observatoire, (r. de l') f. S. Jacq. 160 p. cc.

29 Ogniard, (r.) q. S. Jacq. Bouc. 15 p. c.

274 Oiseaux, (r. des) q. Temp. 70 p. cc.

345 Olivet, (r. f. S. Germ. 25 p. c.

42 Opportune, (Ste) q. Ste Opp.

449 Orangerie, (r.) q. P. Roy. 95 p. c.

380 Orléans, (r. d') q. S. Euft. 90 p. ccc.

275 Orléans, (r. d') q. Temp. 200 p. cc.

439 Orties, (r. des) q. P. Roy. 100 p. cc.

419 Orties, (r. des) q. P. Roy. 300 p. ccc.

283 Oseille, (r.) q. Temp. 10 p. ccc.

205 Oursine, (r. de l') f. S. Marc. 950 p. ccc.

33 Ours, (r aux-) q. S. Jacq Bouc. }
328 Ours, (r. aux-) q. S. Den. } 180 p. ccc.

P

398 PAGEVIN, q. S. Euft. 90 p. cc.

195 Payenne, (r.) q. S. Ant. 200 p. cc.

294 Palatine, (r.) q. Lux. 145 p. c.

214 Paon, (r. du) q. P. Maub. 40 p. c.

97 Paon, (r. du) q. S. And. 120. p. cc.

126 Paon-blanc, (r.) q. S. Paul. 25 p. c.

368 Paradis, (r. du) f. S. Den. 610 p. cccc.

319 Paradis, (r. de) q. Ste Av. 200 p. ccc.

130 Parcheminerie, (r. de la) q. S. And. 190 p. c.

294 Parc-Royal, (r. du) q. Temp. }
202 Parc-Royal, (r. du) q. S. Ant. } 220 p. ccc.

20 Parvis-N. Dame, q. Cité.

210 Pas-de-la-mule, (r. du) q. S. Ant. 100 p. ccc.

160 Petit-Pont, (r. du) q. S. Ben. 90 p. ccc.   313
397 Petit-Repofoir, (r. du) q. S. Euft. 80 p. cc.   158
176 Phelipeaux, (r.) q. S. Mart. 180 p. ccc.   384
344 Philippe, (r. S.) q. S. Den. 200 p. **   344
231 Picpus, (r. des) f. S. Ant. 500 p. ccc.   105
  4 Pied-de-bœuf, (r. du) q. S. Jacq. Bouc.   136
297 Pierre, (r. S.) q. Temp. 80 p. ccc.   466
458 Pierre, (r. S.) q. Montm. 110 p. **   101
 13 Pierre-aux-bœufs, (r. S.) q. Cité. 90 p. *   284
157 Pierre-au-lard, (r.) q. S. Mart. 100 p.   256
 14 Pierre-aux-poiffons, (r.) q. S. Jacq. Bouc.   241
109 Pierre-Sarrafin, r.) q. S. And. 90 p. c.   177
264 Pierre-Sarrafin, (r.) f. S. Marc. 110 p. cc.   52
253 Pincourt, (r. de) f. S. Ant. 225 p. cc.   282
 48 Place-Dauphine, q. Cité.   75
 30 Place-des-Barnabites, q. Cité.   162
148 Place-de-Cambrai, q. S. Ben.   68
 37 Place-du-Chevalier-du-Guet, q. S. Ben.   78
190 Place-de-l'Eftrapade, f. S. Marc.   53
117 Place-de-la-Grève, q. Gr.   50
172 Place-Maubert, q S. Ben.   93
207 Place-Maubert, q. P. Maub   58
 80 Place-du-Pont-S. Michel, q. S. And.   390
115 Place-S. Michel, q. S. And.   73
139 Place-de-Sorbonne, q. S. And.   497
128 Place-aux-veaux, q. S. Paul.   57
  5 Place-aux-veaux, (r. de la) q. S. J. Bouc   416
457 Place-des-Victoires, q. Montm.   130
337 Placide, (Ste) q. Lux. 200 p. cc.   252
371 Planche, (r. de la) f. S. Germ. 210 p. ccc.   213
 93 Planche-Mibrai, (r.) q. Gr. 200 p. ccc.   222
226 Planchette, (r. de la) f. S. Ant. 225 p. cc.   361
 61 Plat-d'étain, (r. du) q. Ste Opp.   359

313 Plâtre, (r. du) q. Ste Av. 130 p. cc.
158 Plâtre, (r. du) q. S. Ben. 190 p. **
384 Plâtrière, (r.) q. S. Euſt. 210 p. ccc.
344 Plumet, (r.) f. S. Germ. 460 p. ccc.
105 Plumet, (r.) q. Gr. 25 p.
136 Poirées, (r. des) q. S. And. 80 p. c.
466 Poiſſonnière, (r.) q. Montm. 200 p. ccc.
101 Poitevine, (r.) q. S. And. 60 p. cc.
284 Poitou, (r. de) q. Temp. 200 p. ccc.
256 Poliveau, (r.) f. S. Marc. 500 p. c.
241 Pont-aux-Biches, (r. du) f. S. Marc. 500 p. c.
177 Pont-aux-Biches, (r.) q. S. Mart. 70 p. c.
52 Pont-au-Change, q. Cité.
282 Pont-au-choux, (r. du) q. Temp.
75 Pont-Gramont, I. Louvier.
162 Pont-de-l'Hôtel-Dieu, q. S. Ben.
68 Pont-Marie, I. S. L.
78 Pont-S. Michel, q. S. And.
53 Pont-N. Dame, q. Cité.
50 Pont-Neuf, q. Cité.
93 Pont-Neuf, q. S. And.
58 Pont-Rouge, q. Cité
390 Pont-Royal, f. S. Germ.
73 Pont-de-la-Tournelle, I. S. L.
491 Porcherons, (r. des) f. Montm.
57 Port-S. Landri, q. Cité.
416 Port-S. Nicolas, q. Louv.
130 Port-S. Paul, q. S. Paul.
252 Popincourt, (r. de) f. S. Ant.
213 Porte-S. Antoine, q. S. Ant.
222 Porte-S. Bernard, q. P. Maub.
361 Porte-S. Denis, q. S. Den.
359 Porte-S. Martin, q. S. Den.

255 Porte-foin, (r.) q. Temp. 110 p. ccc,
198 Postes, (r. des) f. S. Marc. 700 p. cc.   131
197 Pot-de-fer, (r. du) f. S. Marc. 225 p. c.   396
323 Pot-de-fer, (r.) q. Lux. 300 p. cc.   61
 99 Poterie, (r. de la) q. Gr. 95 p. c.   387
 73 Poterie, (r.) q. Hall. 72. p. c.   475
385 Potier, (r.) f. S. Germ. 220 p. cc.   53
192 Poules, (r. des) f. S. Marc. 120 p. cc.   35
408 Poulies, (r. des) q. Louv. 325 p. cc   3
 71 Poulletier, (r.) I. S. L. 160 p. ccc.   49
106 Poupée, (r.) q. S. Ant. 100 p. cc.   418
113 Pourtour, (r.) q. Gr. 95 p. cc.   221
 80 Prêcheurs, (r. des) q. Hall. 110 p. cc.   49
414 Prêtres – S. Germain, (r. des) q. Louv   128
       150 p. c.   46
143 Prêtres-S. Paul, (r. des) q. S. Paul. 300 p. cc 129
120 Prêtres-S. Severin, (r. des) q. S. And.   89
291 Princesse, (r.) q. Lux. 90 p. cc.   396
377 Prouvaires, (r. des) q. S. Eust. 200 p. cc   389
311 Puits, (r. du) q. Ste Av. 115 p. c.   221
196 Puits-qui-parle, (r. du) f. S. Marc. 110 p. cc   94
                                                       79

                          Q   273
                                                      285
 67 QUAI-D'ALENÇON, I. S. L.   ⎫   185
 69 Quai-d'Alençon, I. S. L.   ⎬ 420 p.   50
 67 Quai-d'Anjou, I. S. L.   ⎫   32
 69 Quai-d'Anjou, I. S. L.   ⎬ 420 p.
 79 Quai-des-Augustins, q. S. And. ⎫
 94 Quai-des-Augustins, q. S. And. ⎬ 300 p.   165
 72 Quai-Dauphin, I. S. L.   245
 72 Quai-des-Balcons, I. S. L. 380 p.   84
 66 Quai-de-Bourbon, I. S. L. 320 p.   185
415 Quai-de-Bourbon, q. Louv. 310. p.   351
                                                   131 334

131 Quai-des-Célestins, q. s. Paul. 180 p.
396 Quai-de-Conti, q. s. Germ. 200 p.
 61 Quai-d'Orléans, I. S. L. 420 p.
387 Quai-d'Orſai, f. s. Germ. 150 p.
415 Quai-de-l'École, q. Louv 200 p.
 53 Quai-de-la-Ferraille, q Ste Opp. ⎫
 35 Quai-de-la-Ferraille, q. Ste Opp. ⎭ 360 p.
  3 Quai-de-Gêvres, q s. Jacq. Bouc. 200 p.
 49 Quai-de-l'Horloge, q Cité. 200 p.
418 Quai-du-Louvre, q P Roy. 330 p.
221 Quai-des-Miramiones, q. P Maub. 300 p.
 49 Quai-des-Morfondus, q. Cité. 210 p.
128 Quai-des-Ormes, q s. Paul. 200 p.
 46 Quai-des-Orfèvres, q Cité. 210 p.
129 Quai-s. Paul, q s. Paul 150 p.
 89 Quai-Pelletier, q. Gr. 200 p
396 Quai-es-Quatre-Nations, q.s. Germ. 320 p.
389 Quai-des-Théatins, f. s. Germ 510 p.
221 Quai-de-la-Tournelle, q P. Maub. 300 p.
 94 Quai-de-la-Vallée, q. s. And. ⎫
 79 Quai-de-la-Vallée, q s. And. ⎭ 300 p.
273 Quatre-fils, (r. des q Temp. 280 p. ccc.
285 Quatre-vents, (r. des q. Lux. 100 p. ccc.
 50 Quenouilles, (r. des) q. Ste Opp.
 32 Quincampoix, (r.) q. S. J. Bouc. 400 p. cc.

R

165 Rats, (r. des) q. s. Ben. 100 p. **
245 Rats, (r. des) f. s. Ant. 95 p. c.
 84 Réal, (r.) q. Hall. 48 p.
185 Recolets, (r. des) f. s. Mart. 900 p. cc.
351 Recouvrance, (r.) q. s. Den. 100 p.
334 Regard, (r. du) q. Lux. 280 p. cccc.

G

62 Regratière, (r.) I. S. L. 80 p. ccc. 108
181 Reims, (r. de) q. s. Ben. 100 p. cc. 107
251 Reine - Blanche, (r. de la) f. s. Marc.
250 p. ccc.
426 Rempart, (r. du) q. P. Roy. 25 p. c. 350
450 Rempart, (r. du) q. P. Roy. 80 p. c. 161
208 Rempart, (r. du) q. s. Ant. 30
337 Renard, (r. du) q. s. Den. 100 p. cc.
156 Renard, (r. du) q. s Mart. 10 p. c. 51
111 Renaud-le-Fèvre, (r.) q. Gr. 25 p. c. 104
281 Réservoir de la ville, q. Temp. 374
227 Reuilli, (r. de) f. s. Ant. 610 p. cc. 18
228 Reuilli, (petite r. de) f. s. Ant. 350 p. 86
428 Richelieu, (r. de) q. P. Roy. }   7
474 Richelieu, (r. de) q. Montm. } 1100 p. ccc. 11
140 Richelieu, (r. de) q. s. And. 72 p. ccc. 497
260 Rivière-des-Gobelins, f. s. Marc. 330
460 Roch, (r. s.) q. Montm. 125 p. cc. 340
445 Roch, (r. Neuve s.) q. P. Roy. 300 p. ccc. 356
293 Roi-doré, (r. du) q. s. Ant. 95 p. cc. 150
102 Roi-de-Sicile, (r. du) q. s. Ant. 410 p. cc. 360
339 Romain, (r. s.) q. Lux. 180 p. cc. 225
241 Roquette, (r. de la) f. s. Ant. 450 p. ccc. 465
370 Rosiers, (r. des) q. s. Germ. 160 p. ccc. 135
189 Rosiers, (r. des) q. s. Ant. 260 p. cc. 107
66 Roule, (r. du) q. Ste Opp. 120 p. cccc. 175
501 Roule, (r. du) f. s. Hon. 700 p. cccc. 368
343 Rousselet, (r.) f. s. Germ. 340 p. ccc. 347
279 Route-de-Fontainebleau. 332
204 Royale, (r.) q. s. Ant. 120 p. cccc. 129
488 Royale, (r.) f. s. Hon. 145 p. cccc. 159
450 Royale, (r.) q. P. Roy. 200 p. cccc. 310
436 Royale, (r.) q. P. Roy. 90 p. cccc. 134

108 Ruelle , q. Gr. 12 p.
107 Ruelle , q. Gr. 12 p.

S

350 Sabot , (r. du) q. s. Germ. 100 p. cc.
261 Saintonge , (r.) q. Temp. 200 p. ccc.
 30 Salle-au-Comte , (r.) q. s. Jacq. Bouc.
          115 p. cc.
 51 Samaritaine , (la) q. Cité.
204 Santé , (r. de la) f. s. Jacq. 500 p. ccc.
374 Sartine , (r. de) q. s. Euft. 25 p. ccc.
 28 Savaterie , (r.) q. Cité. 100 p. c.
 86 Savoie , (r. de) q. s. And. 100 p. cc.
  7 Savonerie , (r.) q. s. J. Bouc. ?
 22 Savonerie , (r.) q. s. J. Bouc. } 100 p.
497 Sauffaie , (r.) f. s. Hon. 210 p. cc.
330 Sauveur , (r. s.) q. s. Den. 250 p. **
340 Sauveur , (r. Neuve-s.) q. s. Den. 80 p. c.
336 Sauveur , (r. s.) q. s. Den. 225 p. cc.
250 Sebaftien , (r. s.) f. s. Ant. 400 p. cccc.
360 Seine , (r. de) q. s. Germ. 500 p. ccc.
225 Seine , (r. de) f. s. Vift. 650 p. ccc.
465 Sentier , (r. du) q. Montm. 25 p. c.
135 Serifaie , (r. de la) q. s. Paul. 210 p. cc.
107 Serpente , (r.) q. s. And. 85 p. c.
175 Sept-voies , (r. des) q. s. Ben. 200 p. **
368 Sepulchre , (r. du) q. s. Germ. 230 p. cccc.
347 Sève , (r. de) f. s. Germ. 1110 p. cccccc.
332 Sève , (r. de) q. Lux.
129 Severin , (r. s.) q. s. And. 160 p. cc.
159 Simon-le-franc , (r.) q. s. Mart. 105 p. cc.
310 Singes , (r. des) q. Ste Av. 100 p. cc.
134 Sorbonne , (r. de) q. s. And. 240 p. cc.

G 2

318 Soubife, (r. de) q. Ste Av. 120 p. c.   106
446 Sourdière, (r. de la) q. P. Roy. 210 p. ccc.   302
293 Sulpice, (s.) q. Lux.   385
495 Surenne, (r. de) f. s. Hon. 310 p. ccc.   166

T

 97 TACHERIE, (r. de la) q. Gr. 90 p. c.   344
153 Taille-pain, (r.) q. s. Mart. 95 p. c.   434
 90 Tanerie, (r. de la) q. Gt. 150 p. cc.   211
353 Tarane, (r.) q. s. Germ. 210 p. ccccc.   214
367 Tarane, (petite rue) q. s. Germ. 50 p. cc.   189
 92 Teinturiers, (r. des) q. Gr. 225 p. c.   234
257 Temple, (r. du) q. Temp. 1000 p. cccc.   263
 60 Terrain, (le) q. Cité.   .12
221 Terres-fortes, (r. des) f. s. Ant.
438 Therèse, (r.) q. P. Roy. 105 p. ccc.   194
339 Thevenot, (r.) q. s. Den. 250 p. ccc.   134
308 Thomas, (r. s.) q. Lux. 215 p. cc.   168
420 Thomas - du - Louvre, (r. s.) q. P. Roy.   239
        315 p. cc.
 56 Tibautaudé, (r.) q. Ste Opp. ⎱
 52 Tibautaudé, (r.) q. Ste Opp. ⎰ 110 p.
388 Tiquetonne, (r.) q. s. Euft. 100 p. cc.   86
334 Tireboudin, (r.) q. s. Den. 90 p. cc.   113
 65 Tirechape, (r.) q. Ste Opp. 110 p. c.
188 Tiron, r.) q. s. Ant. 75 p. c.
 82 Tirouette (r.) q. Hall. 120 p. **   379
124 Tifferanderie, (r. de la) q. Gr. 400 p. cc.
376 Tonellerie, (r. de la) q. s. Euft. 250 p. cc.
290 Torigni, (r. de) q. Temp. 110 p. ccc.
277 Touraine, (r. de) q. Temp. 110 p. cc.   371
486 Tour-des-Dames, (r. de la) f. Montm.   91
222 Tournelle, (la) q. P. Maub.   435

375	Varenne, (r. de) f. s. Germ. 800 p. cccc.	482
371	Varenne, (r) q. S. Euft. 50 p. c.	431
305	Vaugirard, (r.de) q. Lux. ⎱	
297	Vaugirard, (r.de) q. Lux. ⎰ 1400 p. ccc.	
259	Vendôme, (r. de) q. Temp. 350 p. ccccc.	456
28	Venife, (r. de) q. s. Jacq. Bouc. 100 p. c	
399	Verdelet, (r.) q. s. Euft. 100 p. **	
386	Verneuil, (r. de) f. s. Germ. 310 p. ccc.	123
151	Verrerie, (r. de la) q. s. Mart. ⎱	
303	Verrerie, (r. de la) q. Ste Av. ⎰ 440 p. ccc.	
216	Verfailles, (r. de) q. P. Maub. 40 p. c.	
179	Vert-bois, (r. du) q.. s. Mart. 290 p. cc.	
175	Vertus, (r. des) q. S. Mart. 20 p. c.	
224	Victor, (r. s.) f. s. Vict. ⎱	
219	Victor, (r. s.) q. P. Maub. ⎰ 1200 p. ccc.	
454	Vide-gouffet, (r.) q. Montm. 200 p. cc.	
272	Vieilles - Audriettes, (r. des) q. Temp. 100 p. ccc.	
379	Vieilles-Étuves, (r. des) q. s. Euft. 70 p. c.	
122	Vieilles-garnifons, (r. des) q. Gr. 95 p. c.	
320	Vieille - rue - du - Temple, q. Ste Av. ⎫	
308	Vieille - rue - du - Temple, q. Ste Av. ⎬ 410 p. ccc.	
289	Vieille - rue - du - Temple, q. Temp. ⎭	
321	Vieille-Tuillerie, (r.) q. Lux. 500 p. ccc.	
328	Vieux-colombier, (r. du) q. Lux. 320 p. cc.	
	Villedot, (r.) q. P. Roy. 110 p. cc.	
496	Ville-l'Evêque, (r. de la) f. s. Hon. 400 p. cc.	
502	Villiers, (r.) f. s. Hon. 95 p. c.	
	Vincent, (r. s.) q. P. Roy. 115 p. cc.	
473	Vivienne, (r.) q. Montm. 300 p. cccc.	

482 Voirie du faubourg-Montmartre. (r.)
431 Vrillière , (r. de la) q. P. Roy. 120 p. ccc.
    Vrillière , (petite r. de la). 20 p. ccc.
       vis-à-vis l'Hôtel-Toulouse.
456 Vrillière , (r. de la) q. Montm. 25 p. c.

Z

123 ZACARIE, (r.) q. s. And. 100 p. **

CULS-DE-SACS.

A

ALBRET (d') rue des Sept-voies.
Amboise (d') Place-Maubert.
Anglais (des) r. Beaubourg.
Argenson (d') Vieille-rue du Temple.
Ave-Maria (de l') r. de Berci.
Aumont (d') r. de la Mortellerie.

B

BABILLARDES (des) faub. S. Denis.
Basfour (de) r. S. Denis.
Bastille (de la petite) r. S. Bernard.
Baudoirie , rue de la Corroyerie.
Bavière (de) r. Bordet.
Beaufort (de) r. Salle-au-Comte.
Berteau , r. Beaubourg.
Blancs-Manteaux (des) r. Pequai.
Bœuf (du) r. S. Hilaire.
Bourgogne (de) r. des Cordeliers.
Bourgogne (de) r. du Paon.

Bouteille (de la) r. S. Merri.
Bouvart , r. S. Hilaire.
Brafferie (de la) r. Traverfine.

C

CARCUISSES (des) r. des Carcuiffons.
Carmelites (des) r. du faub. S. Jacques.
Chat-blanc (du) r. S. Jacques-de-la-Boucherie.
Clairvaux (de) r. S. Martin.
Commiffaires (des) r. Montmartre.
Conti (de) Quai-de-Conti.
Coq (du) r. du Coq-du-Louvre.
Coqueret , des Rofiers-au-Marais.
Corderie (de la) r. Neuve-S. Roch.
Cour-Bâton , r. de l'Arbre-fec.
Cour-de-Rouen (de la) r. de l'Éperon.
Croix-Faubin (de la) r. de Charonne.
Croix-blanche (de la) r. de la Verrerie.
Crucifix (du) r. du Petit-carreau.

E

ECHIQUIER (de l') r. du Temple.
Empereur (de l') r. du Temple.
Empereur (de l') r. S. Denis.
Étoile (de l') r. Neuve-S. Sauveur.
Étoile (de l') r. Tevenot.
Étuves (des) r. Marivaux.

F

FEUILLANTINES (des) r. du faub. S. Jacques.
Filles-Dieu (des) r. S. Denis.
Filles-Dieu (des) faub. S. Denis.
Fort-aux-Dames (du) r. de la Heaumerie.

Fosse-aux-chiens (de la) r. des Bourdonois.
Fourci (de) r. de Joui.

G

GLORIETTE, r. du Petit-Pont.
Grange-Batelière, r. de même nom.
Grosse-Tête (de la) r. Ste Foi.
Guepine (de la) r. de Joui.
Guichet (du) Bourbonchat.
Guimené , r. S. Antoine.

H

HAUTE-FORT , r. des Bourguignons, f. S. Marc.
Hospitalières (des) r. des Minimes.

J

JACOBINS (des) r. de la Sourdière.
Jardin-du-Roi (du) r. de Seine-S. Victor.
Jardinet (du petit-) r. S. Bernard , f. S. Ant.
Jardinet (du petit-) r. S. Pierre-Qua-du-ma.
Jérusalem (de) r. S. Christophe.
Jésuites (des) r. S. Paul.
Jeu-de-Mets, r. S. André-des-Arcs.
Juiverie (de la) r. S. Nicolas , f. S. Ant.

M

MENARD (de) r. de Richelieu.
Mortagne (de) r. de Charonne.

N

NOTRE-DAME-DES-CHAMPS , rue
de même nom.
Novion (de) r. des Blancs-Manteaux.

P

PEINTRE (du) r. S. Denis.
Piquet, r. des Blancs-Manteaux.
Planchette (de la) r. S. Martin.
Prêcheurs (des) r. Traversine.
Prêtres (des) r. Ferou.
Provençaux (des) r. de l'Arbre-sec.
Putigueux, r. Geofroi-l'Asnier.

Q

QUATRE-VENTS, r. de même nom.

R

ROBIN-PREND-GAGE, r. des Lavandières.
Rome (de) r. Aumaire.
Roquette (de la) r. de même nom.
Rouen (de) r. du Jardinet.

S

SAINT-BARTHELEMI, r. de la Draperie.
S. Benoît, r. de la Tacherie.
S. Claude, r. S. Claude, q. du Marais.
S. Claude, r. de Berci.
Ste Catherine, r. S. Denis.
S. Dominique, r. S. Dominique, f. S. Michel.
S. Dominique, r. S. Denis.
S. Eloi, r. S. Paul.
S. Faron, r. de la Tisseranderie.
S. Fiacre, r. S. Martin.
S. Hyacinte, r. de la Sourdière.
S. Laurent, faub. S. Denis.
S. Laurent, r. des Fossés-S. Denis.

Ste-Marine, r. S. Pierre-aux-Bœufs.

S. Martial, r. S. Eloi.

S. Martin, r. Quinquempois.

S. Michel, r. du faub. S. Laurent.

S. Pierre, r. Montmartre.

S. Roch, r. d'Argenteuil.

Sablons (des) r. Notre-Dame.

Salembrette, r. S. Severin.

Soiſſons (de) r. Coquillière.

Sourdis (de) r. des Foſſés-Saint-Germain-de-
l'Auxerrois.

T

Traverse (de) r. Traverſière.

U

Ursulines (des) r. faub. S. Jacques.

V

Venise (de) r. faub. S. Jacques.

DE LA RIVIERE DE *SEINE*,
ET DE SES ILES.

Seine. (*rivière de*) Sa longueur eſt de 8 mille pas, ou de 2 lieues 400 pas, depuis la Rapée juſqu'à la Grille du Petit-cours : elle ſe partage en deux, & forme trois îles, qui ſont celles de Louvier, de S. Louis ou de Notre-Dame, & celle du Palais, puis elle ſe réunit à la ſortie du Pont-Neuf : dans cet

endroit fa largeur eft de 380 pas ; elle déſ-
cend en fe retréciſſant juſqu'au Pont-Royal,
où fa largeur ne fe trouve plus que de 200
pas.

Ile - Louvier. Elle a 410 pas fur 160 : elle
eft remplie de bois neuf à brûler.

Ile S. Louis ou *de Notre-Dame.* Elle a 700
pas fur 250 : cette île n'eft féparée de celle
du Palais que par un pont de bois ; à fa
pointe on voit deux pompes, avec lefquelles
on remplit les tonneaux, dont on vend
l'eau fix liards la voie en tout tems, & qui
vont dans tous les quartiers de Paris

Ile du Palais. Elle a 1100 pas fur 350 :
ces trois îles enfemble compofent le quartier
de la Cité : on entre dans cette dernière par
7 ponts.

Ile du Mât, ou de Querelle, ou aux Ci-
gnes. Elle a 1100 pas fur 120 : elle eft remplie de bois de charpente.

Egout nouveau Il a 52 mille pas de long
fur 10 pieds de large ; 14 vannes & un beau
réfervoir pour le laver, qui contient 2211
muids d'eau.

Bains publics. L'on en trouve pour hommes & pour femmes, peu éloignés les uns
des autres, entre le Pont-Royal & le Pont-
Neuf, à la pointe de l'île du Palais, à la
Rapée & près la barrière des Invalides ; le
prix n'eft que de 3 fols par perfonne : mais
vis-à-vis les Tuilleries, on trouve fur la rivière des bains domeftiques, que l'on y
prend auffi commodément que chez les Bai-
gneurs,

gneurs, pour un écu par perfonne : il y en
a de pareils à la pointe de l'île-S. Louis.

DES PONTS.

PONT-NEUF. Il a 400 pas, ccccc : ſes
parapets ou banquettes ſont très-larges, &
s'agrandiſſent en demi - cercle ſur chaque
pile. Ce Pont, le plus beau de l'Europe, où
Henri III. mit la première pierre le 30 Mai
1578, ne fut achevé que ſous le regne
d'Henri IV. en 604. L'on y remarque le
château de la Samaritaine, où il y a une lanterne, & un carillon qui joue un air à toutes
les heures, & aux demies; un baſſin qui ré-
pand une nape d'eau qui ſe rend dans les
réſervoirs des fontaines, & auprès duquel eſt
la figure de Notre Seigneur & celle de la
Samaritaine. Au milieu de ce pont eſt la
ſtatue d'Henri IV. ſur un pied d'eſtal de
marbre blanc; aux quatre coins ſont attachés 4 eſclaves en bronze, qui foulent aux
piés des armes de différentes eſpèces; le
cheval eſt un préſent de Côme II, Grand-
Duc de Toſcane : l'on a ſuprimé en 1756
les boutiques que l'on tendoit tous les jours
ſur ce pont.

Pont-Notre-Dame. Il a 110 pas, ccc. Ce
pont, bâti en 1507, eſt chargé des deux
côtés, dans toute ſa longueur, de maiſons à
deux étages, ſur leſquelles ſont des figures

H

qui portent fur leurs têtes des corbeilles de
fleurs & dè fruits , & entre deux des médailles qui repréfentent prefque tous nos Rois.
Sous ce pont il y a deux pompes qui four-
niffent de l'eau aux fontaines & maifons de
la ville.

Pont-Royal. Il a 210 pas , cccc. Ce pont
qui a deux parapets , fut bâti à la place d'un
pont de bois en 1685. Il eft foutenu par quatre piles & deux culées qui forment cinq arches : à l'une de ces piles, du côté des Tuilleries , l'on voit en écrit la hauteur de l'eau
des années où il y a eu de grands déborde-
mens.

Pont-au-Change. Il a 110 pas , ccc. Ce
pont , chargé d'un rang de maifons de chaque côté , fut bâti en place de celui de bois
en 1647 : l'on y voit à un bout les figures
en bronze de Louis XIV. âgé de dix ans, de
Louis XIII. & de la Reine ; à l'autre , le mé-
ridien de la ville & l'horloge du palais, dont
on ne fonne la cloche que dans les réjouïf-
fances publiques , & a la mort des Rois &
Reines. Cette cloche fut le fignal en 1572
du maffacre des Calviniftes le jour de S. Barthelemi.

Pont-Marie. Il a 110 pas , ccc. Ce pont
fut bâti en 1635 avec un rang de maifons
fur chaque côté ; les eaux en emportent
une partie en 1658 : l'on a rebâti les deux
arches qui étoient tombées , fans y mettre
de maifons.

Pont. (petit-) Il a 80 pas, ccc, deux parapets. Ce pont avoit des maisons remplies de marchandises ; elles furent détruites le 27 Avril 1718 par une incendie qui s'arrêta sous une arche : le feu prit aux maisons avec tant de violence, que malgré le prompt secours que l'on y apporta, elles furent toutes brûlées. Le Parlement ordonna qu'il seroit fait une quête générale pour indemniser les brûlés : cette quête a monté à 111898 liv. la distribution en fut faite à chacun suivant sa perte.

Pont-S. Michel. Il a 90 pas, ccc. Ce pont, chargé de maisons des deux côtés, fut bâti en 1618 en place d'un pont de bois, emporté par un débordement en 1616.

Pont-de-la Tournelle. Il a 110 pas, cccc, deux parapets. Ce pont fut bâti en pierre de taille l'an 1656 à la place de celui de bois, emporté par le débordement de la rivière. Il a pris son nom d'une espece de château qui tient à la porte-S. Bernard, où l'on voit aujourd'hui les Galeriens attendre leur départ : ils y vivoient autrefois des aumônes publiques ; mais depuis 1639 ils sont nourris sur une rente de six mille liv. qu'une personne pieuse a laissé pour le soulagement de ces miserables.

Pont-de-l'Hôtel-Dieu. Ce pont a 60 pas ; il est de pierre, & seulement passager pour les pietons qui y payent un liard : on le trouve entre la rue de la Bucherie & la Métropole.

Pont-Rouge ou de bois. Il a 110 pas. Pas-

fager pour les piétons qui y payent un liard.
Ce pont fut détruit en 1710, & rebâti en
1718.

Pont-Grammont. Ce pont eft entre l'île-
Louvier & le quai des Céleftins.

Pont - aux - Tripes. Il eft fur la petite rivière des Gobelins, faub. S. Marc.

PORTES EXISTANTES.

PORTE-SAINT-ANTOINE. Elle
fut bâtie fous le regne d'Henri II, augmen-
tée de deux ouvertures & d'architecture en
1671 : fa hauteur eft de 8 toifes fur 9 de
large.

Porte - S. Bernard. Cette porte, ornée de
fculpture, a pris fon nom de la proximité
des Bernardins : elle fut bâtie en 1674. Elle
a deux ouvertures & une pile au milieu; fa
hauteur eft de 10 toifes fur 8 de large.

Porte - S. Martin. Cette porte, ornée de
fculpture, fut bâtie en 1674 en forme d'arc-
de-triomphe ; elle a trois ouvertures, dont
celle du milieu eft beaucoup plus grande que
les autres : elle a de hauteur 50 pieds fur
autant de large.

Porte - S. Denis. Cette magnifique porte,
qui repréfente du côté de la ville le paffage
du Rhin, & de l'autre la prife de Maftrich,
fut bâtie en 1672 : fa hauteur eft de 72 pieds
fur autant de large, le deffus eft découvert

comme les anciens arcs de - triomphe : fa
principale ouverture , ornée de trophées d'armes , a 14 pieds.

D E S   P A L A I S.

PALAIS-DES-TUILLERIES. Ce
Palais , où le Roi a fait fon féjour en 1715 ,
fe joint au Louvre par une gallerie ; il fut
commencé en 1564.par Catherine de Médicis , continué par Henri IV. & perfectionné
par Louis XIV ; fa longueur eft de 400 pas ,
& fa largeur de 150 , compris les cours : la
façade confifte en cinq pavillons & quatre
corps-de logis fur la même ligne : les appartemens du Roi, de la Reine , du Dauphin &
de la Dauphine font ornés de peintures des
plus grands maîtres. Il y a dans ce palais
une très-grande falle des machines , & une
autre pour le concert fpirituel : fon jardin a
710 pas fur 400. C'eft la promenade la plus
à la mode : on y loue jufqu'à 4000 chaifes ,
dont le prix eft de deux fols L'on y remarque
la grande allée, la terraffe qui regne le long
de la rivière , les 4 grouppes qui font dans le
parterre au pourtour du baffin. Le premier
grouppe repréfente Lucrece, qui fe poignarde
en préfence de Collatius fon mari; le fecond,
qui eft vis-à-vis, Enée, qui porte fon pere
Auchife, & mene fon fils Afcagne par la
main ; le troifieme, l'enlevement d'Orithie

H 3

par le vent Borée ; le quatrième, l'enlève-
ment de Cybelle par Saturne, sous la figure
du tems, Cerès est à ses pieds appuyée sur un
lion, symbole de la terre. Sur la terrasse qui
regne le long du château, l'on voit deux va-
ses & six statues ; trois du côté du manége
qui représentent un Faune jouant de la flûte
traversière, une Hamadryade & Flore ; trois
du côté de la rivière, qui sont un chasseur &
deux chasseresses. Il y a huit figures sur les
côtés du bassin octogone : sçavoir, à droite,
Annibal, l'Hiver, Flore, une Vestale ; à gauche, Jules-César, Momus, l'Eté & l'Impé-
ratrice Agrippine. Entre le bassin & le fer-à-
cheval, on voit le Tibre, le Nil, la Seine &
la Loire : sur le fer-à-cheval sont deux chevaux aîlés qui portent deux Renommées. Ce
superbe jardin est terminé par un pont-tour-
nant qui communique à la belle place de
Louis XV : l'on a placé en face de la grande
allée la figure équestre de ce Monarque.

Palais du Louvre. Il a 200 pas sur 200 ;
c'est la premiere Maison Royale de la France ; le plan en a souvent changé : plusieurs
Rois y ont logé avec leur Cour dans des
appartemens qui n'étoient éclairés que par
de petites fenêtres, sans ordre ni symmétrie ;
on voyoit au milieu de ses bâtimens une tour
où l'on enfermoit les prisonniers d'Etat ;
mais elle fut détruite en 1528. Le gros pa-
villon a été bâti par Louis XIII. Louis XIV
fit des dépenses considérables à ce bel édifice.
Notre glorieux Monarque, à présent regnant,

a formé le projet de le réparer & de l'em-
bell'r ; & quoique depuis 1763 on en ait cessé
les travaux , on ne désespere pas de les voir
recommencer pendant le cours d'une paix
florissante. Les façades du Louvre sont décorées d'une très-belle architecture; la terrasse
ou jardin a 200 pas sur 60 : elle est située du
côté de la Seine.

La Gallerie du Louvre a 480 pas de long,
& renferme le plan en relief de toutes les villes de guerre du royaume & les principales
de l'Europe : on en compte jusqu'à 170,
dont plusieurs ont coûté des sommes considérables. Le bas de cette gallerie est occupé
par l'Imprimerie Royale, la Monnoie des
médailles & la petite-Écurie du Roi , le tout
entre quatre guichets qui aboutissent à différentes rues.

Palais-Royal. Ce palais de 150 pas en
quarré, & le jardin de 250 sur 110, furent
bâtis en 1636 par le Cardinal de Richelieu,
qui en fit donation au Roi en 1639. Le Roi
y fit sa résidence pendant sa minorité, d'où
il a pris le nom de Palais-Royal ; il le céda
ensuite à Philippe son frère pour en jouir
durant sa vie : la propriété n'en fut accordée
qu'à Philippe Duc d'Orléans , depuis Ré-
gent, en faveur de son mariage avec Marie
de Bourbon , légitimée de France. L'on y remarque la gallerie d'Enée , peinte par Coy-
pel ; le nouvel appartement, le plafond, par
M. Pierre ; la collection des tableaux , qui
passe pour l'une des plus riches & des plus

précieuſes de l'Europe ; le cabinet d'Hiſtoire Naturelle & des médailles. M. le Duc d'Orléans en fait aujourd'hui augmenter les bâtimens & rebâtir l'Opéra, qui a été détruit par un incendie en 1763.

Palais-d'Orléans, appellé communément Luxembourg, parce qu'il a été bâti par Marie de Médicis en 1615 ſur les ruines d'un Hôtel de ce nom : ſon étendue eſt de 200 pas ſur 150, & le jardin de 980 pas ſur 300.

Cet édifice, qui paſſe pour un des plus beaux morceaux d'architecture de Paris, conſiſte en un gros corps-de-logis au fond de la cour, accompagné aux extrêmités de 4 pavillons, & au milieu d'un corps avancé, orné de colonnes : la petite terraſſe qu'on a pratiqué ſur le devant, eſt élevée & fermée par une baluſtrade de marbre blanc : la cour, qui eſt fort grande, eſt terminée à droite & à gauche par deux galleries ſoutenues chacune ſur neuf arcades, avec de grands coridors voutés, ſous leſquels on peut aller à couvert : la façade, qui eſt ſur la rue, eſt une terraſſe avec un bâtiment au milieu, enrichi de deux colonnes, & couronné d'un dôme, au pourtour duquel on a placé pluſieurs ſtatues pour lui ſervir d'accompagnement : à l'extrêmité des terraſſes ſont deux gros pavillons quarrés, & plus avancés que les autres parties de la façade. Ce qu'il y a de plus remarquable dans ce palais, c'eſt la gallerie de Rubens, où ce célébre Peintre a repréſenté ſymboliquement la vie de Marie de

Médicis : le public y entre tous les Mercredis & Samedis en hiver depuis dix heures jufqu'à une heure , & en été depuis quatre jufqu'à fept.

Palais (le) ou *Palais-Marchand*, de 250
pas fur 200, a été autrefois la réfidence de
plufieurs Rois ; c'eft aujourd'hui le lieu où
l'on rend la juftice : on y voit plufieurs grandes falles avec des boutiques remplies de toutes fortes de belles marchandifes. Il renferme dans fon enclos les Chambres du Parlement , la Chambre des-Comptes , la Cour-
des-Aides , la Cour des Monnoies , la Cham-
bre-Souveraine des Décimes , les deux Chambres des Requêtes du Palais , le Bureau des
Tréforiers de France , la Chambre du Tréfor
& Domaine , le Bailliage du Palais , les trois
Siéges généraux de la Table-de-Marbre , qui
font la Connetablie & Maréchauffée de France , l'Amirauté & les Eaux & Forêts , la Maî-
trife particulière des Eaux & Forêts , la Maçonnerie , celle du Prévôt-Général des Monnoies & Maréchauffée de France , la Bazoche ou Jurifdiction des Clercs du Parlement,
la Jurifdiction des Clercs de la Chambre-des-
Comptes.

Palais-de-Bourbon. Il a 200 pas fur 150 ;
rue-Bourbon. Ce palais , bâti à la Romaine ,
va être occupé par le Prince de Condé , à qui
il appartient , & qui le fait agrandir confidé-
rablement.

Palais du Temple. L'Hôtel , la cour-mar-
chande & l'Eglife ont enfemble 310 pas en

quarré. Dans ce lieu, qui est privilégié, l'on trouve toutes sortes d'ouvriers qui ne sont pas maîtres : c'est un lieu de refuge pour ceux qui ont dérangé leurs affaires. Cette maison, autrefois aux Templiers, où Philippe le-Bel, qui s'étoit approprié leur bien après leur destruction, fit sa résidence, a été donné nepuis au Chevaliers de S. Jean-de-Jérusalem, plus connus sous le nom de Chevaliers de Malte, lesquels en ont fait la maison principale du Grand-Prieur de France.

ECURIES ROYALES.

ECURIE du Roi, (grande) cours du château des Tuilleries.

Ecurie du Roi, (petite) sous les galleries du Louvre.

Ecurie de la Reine, rue de Bourbon, faubourg S. Germain.

Ecurie de Madame la Dauphine, quai Malaqual.

Ecurie de M. le Duc d'Orléans, rue-Neuve-des-petits-champs.

Ecurie de Luxembourg, rue de Vaugirard.

EDIFICES REMARQUABLES.

ARCENAL, (le grand) près la rivière, vis-à-vis l'île-Louvier. Il a 400 pas sur 80.

Arcenal. (*petit*) Il commence par le magazin des armes, rue S. Antoine, & finit à son jardin, près la rivière : il a, en y comprenant le jardin, 800 pas sur 100. Ces Arçenaux, qui communiquent l'un à l'autre, sont un composé de sept grandes cours, où il y avoit peu de bâtimens : l'on y a fait depuis peu deux belles maisons ; des ouvriers travaillent encore aujourd'hui pour en augmenter le nombre. Il y a un magazin à poudre, & deux fonderies, où l'on travailloit autrefois l'artillerie ; mais depuis que Louis XIV. les a fait faire sur les frontières, elles ne servent que pour des statues en bronze.

Bastille. (*la*) Cette forteresse, achevée à bâtir en 1559, sert à renfermer les prisonniers d'Etat ; elle consiste en une courtine flanquée de huit bastions, bordée de larges fossés à fond de cuve : il y a un Gouverneur, un Lieutenant de Roi & une garde d'Invalides.

Compagnie des Indes, ou *la Bourse.* Cet hôtel de 90 pas sur 50, rue-Neuve-des-petits-champs, est le lieu où l'on commence les papiers royaux & autres effets, depuis onze heures jusqu'à une heure : tous les jours qui ne sont pas fêtes, l'on y trouve plusieurs Bureaux pour le payement des rentes dont la Compagnie est chargée.

L'Ecole-Royale-Militaire. Les bâtimens, cours, jardin, sans les avenues, ont 800 pas sur 60. Cet utile établissement a été fait en 1751 par Louis XV. pour procurer l'éducation à 500 pauvres Gentilshommes : on y partage les Recipiendaires en huit claſſes. La première eſt la plus diſtinguée, les autres vont par gradation, ſuivant les ſervices militaires rendus par leurs ancêtres ; mais le nombre n'eſt point encore rempli, ni les bâtimens achevés : le plan nous promet un bel édifice ; la Chapelle & la maiſon ſont deſſervies pour le ſpirituel par cinq Docteurs de Sorbonne.

Les Invalides. Magnifique bâtiment, qui a 550 pas ſur 400 : la place & la promenade, diviſées en ſix compartimens d'arbres, enfermés de barrières, ont 550 pas ſur 350 : l'avenue a 1100 pas de long & 4 rangs d'arbres. Louis XIV. le fit bâtir en 1671, pour ſervir de retraite aux Officiers & Soldats bleſſés, & à ceux qui ont ſervi 20 ans : l'on en reçoit juſqu'à 4000 au moins ; ils y ſont nourris, habillés & logés. Il y a un Gouverneur & Etat-Major. Pour le ſpirituel, un Curé & 12 Prêtres de S. Lazare. Cet Hôtel-Royal de figure quarrée, eſt compoſé de quatre cours d'une même forme, & une dans le milieu auſſi grande que les autres ; celle-là eſt fermée par deux rangs d'arcades, l'une ſur l'autre, qui forment des galleries. Le plus remarquable de ce bel édifice, eſt l'Egliſe & ſon dôme, qui a 50 toiſes d'élevation. Il y a de très-belles peintures à freſque, des colonnes, 16 ſtatues qui repréſentent les 12 Apôtres & les 4 Evangéliſtes : le dehors du dôme eſt décoré de ſculpture & dorure.

Nouvelles-Halles, ou *l'Hôtel-de-Soiſſons.* Cet

Cet hôtel avoit 180 pas sur 160 : l'on y a bâti aujourd'hui la Nouvellé-Halle. Il a été habité près de 500 ans par les plus grands Princes. S. Louis & Philippe-le-Bel y faisoient leur résidence. La colonne Dorique de 100 pieds de haut, que l'on laisse dans la cour, a été bâtie par Catherine de Médicis pour servir aux observations célestes.

L'enceinte, de 88 pieds de diamétre de la Halle-aux-grains, que l'on vient de finir, a une circonférence de six rues, chacune de 24 pieds de large sur 29 de long. Le bâtiment intérieur de la Halle, est fermé par des grilles & formé par 25 arcades, au-dessus desquelles on monte par deux escaliers d'une construction admirable, à la Halle où sont entreposés les menus grains dans des coridors voutés & construits en briques

L'Hôtel-de-Ville. C'est un bâtiment assez gothique dans la place de Grève. Il fut commencé en 1533 & fini seulement en 1605. C'est le lieu où le Roi fait payer les rentes dont il est chargé, & où le Prévôt-des-Marchands & les Officiers de la ville s'assemblent : l'on y voit une très-grande salle, où se font les festins & les bals des réjouissances publiques, & quantité de chambres. Il y a un corps-de-garde pour les gardes de la ville, & dans la campanile, qui est au milieu du bâtiment, une cloche, qui à la naissance des Dauphins ou des héritiers présomptifs de la Couronne, annonce cette nouvelle au public pendant trois jours & trois nuits.

I

L'Observatoire. Il a 100 pas en quarré, rue de l'Observatoire, faub. S. Jacques Cet édifice a couté au moins deux millions : il fut bâti en 1667 pour les observations aſtronomiques.

Jardin-du-Roi, ou *des Plantes médicinales*. Les bâtimens & le jardin ont 400 pas ſur 200, faub. S. Victor : il y a un beau cabinet de curioſité, ouvert au public le Mardi & le Jeudi. Cette maiſon eſt auſſi le lieu où l'on fait gratuitement des démonſtrations pour la Botanique, la Chimie & l'Anatomie. Celles de la Botanique ſe font le Lundi, le Mardi, le Vendredi & le Samedi ; celles de l'Anatomie les mêmes jours, mais ces dernières ſeulement en hiver.

DES PLACES.

PLACE DE LOUIS XV. Cette place, qui n'eſt pas finie, entre les Tuilleries & le Cours-la-Reine, a 310 pas ſur 250 : elle eſt ornée de la ſtatue équeſtre du Roi, faite par Bouchardon, & placée en face de la grande allée des Tuilleries. La place eſt environnée de larges foſſés bordés des deux côtés de belles baluſtrades avec un parapet, qui regnent au pourtour : l'on y voit deux grands pavillons & huit petits, qui doivent être enrichis de vaſes & ſtatues en bronze ; le tout eſt terminé par deux magnifiques & longs bâtimens du côté du faubourg S. Honoré.

Place de Louis-le-Grand. Cette place, de figure octogone, bâtie sur les débris de l'Hôtel-de-Vendôme, a 180 pas sur 180 : on y voit la statue équestre de Louis XIV. sur un pied-d'estal de marbre blanc, chargé d'inscriptions, & entouré d'une grille ; les maisons qui l'environnent sont toutes d'un même ordre d'architecture : le portail de l'Eglise des Capucines & celui des Feuillans font face à ses deux entrées.

Place-Royale. Cette place, de 200 pas sur 200, fut commencée à bâtir à la place du Palais-des-Tournelles en 1604, & finie en 1630 : on y voit la statue de Louis XIII. & un grand préau avec des plates-bandes de gazons, fermée par une grande & belle grille de fer doré. Elle est environnée de maisons de même symmétrie, qui forment 36 pavillons : elles sont soutenues par des arcades fort basses en manière de coridor, sous lesquelles on est à couvert.

Place des Victoires. Cette place, de figure ovale, finie en 1686, n'a que 80 pas quarrés, mais elle paroît plus étendue par les six rues qui viennent s'y terminer : les maisons qui l'environnent sont toutes du même ordre d'architecture. La statue de Louis XIV, que l'on voit au milieu, a 13 pieds de haut. Ce Monarque est représenté debout en habit de cérémonie, un Cerbère à ses pieds & la Victoire derrière lui, qui le couronne d'une main, & tient de l'autre des palmes & des branches d'olivier : le pied-d'estal est de marbre blanc : aux angles sont quatre esclaves de bronze, enchaînés ; le pourtour, pavé de marbre, est fermé d'une grille de fer.

Place du Palais-Royal. Cette place a 280 pas sur 180 : elle est bornée au nord, par le Palais-Royal, & au midi par le château-d'eau.

Place du Louvre. Elle a 200 pas sur 60, entre la rue Fromenteau & le Vieux Louvre.

Place des Tuilleries, ou *le Carousel.* Elle a 125 pas sur 50, entre la cour du château & la rue S. Nicaise.

Place-Dauphine. Elle a 100 pas en triangle : les maisons sont de brique, avec un cordon de pierre de taille, & toutes d'une même symmétrie. Cette place fut bâtie en 1608 entre le Palais & le Pont-Neuf.

Place de Grève. Elle a 100 pas sur 80, devant l'Hôtel de-Ville : c'est le lieu où l'on exécute les Criminels, & où l'on fait les feux des réjouissances publiques.

Place-Maubert. Elle a 50 pas en triangle.

Place du Cimetière-S. Jean. Elle a 80 pas sur 50.

Place-aux-veaux, près le Pont Marie.

Place de Fourci, faubourg-S. Marceau.

Place-S. Landri, quartier de la Cité ; les maisons ont la vue sur la rivière & la place-de-Grève.

Place-Baudoyer, à l'entrée de la rue Saint-Antoine.

Place de l'Estrapade, à l'entrée du faubourg S. Marceau ; elle a 90 pas sur 30 : c'est le lieu où l'on cassoit la tête aux Déserteurs ; aujourd'hui cette exécution se fait près les Capucins du faubourg S. Jacques.

Place-Cambrai, près la rue S. Jacques & S. Jean-de-Latran.

DES FONTAINES.

De l'Abbaye-S. Antoine, au coin de la rue de Montreuil.

De l'Abbaye-S. Germain, dans une cour de cette Abbaye.

D'Amour, Butte-S. Roch, au coin de la rue des Moineaux.

D'Antin, vis-à-vis la rue Gaillon.

De Bas-froid, rue de Charonne.

De Boucherat, rue Charlot.

De Bracque, rue du Chaume.

De la Brosse, rue du faubourg-S. Victor.

Des Capucins, rue S. Honoré, vis-à-vis la place de Louis-le-Grand.

Des Carmelites, rue du faubourg-S. Jacques.

Des Carmes, à la Place-Maubert.

Du Marché-du-carreau.

De la Charité, rue Taranne.

De Charonne, à l'entrée de la rue de même nom.

Du Château-d'eau, Place du Palais-Royal.

De la Croix du Trahoir, rue de l'Arbre-sec, au coin de la rue S. Honoré.

Du Diable, rue de l'Échelle.

De l'Échaudé, Vieille-rue-du-Temple.

Des Filles-Dieu, rue S. Denis.

I 3

Des Fossés-S. Bernard, rue de même nom.
De Garencière, r. de même nom.
Du Grand-Châtelet, à l'Apport-Paris.
Du Grand-Prieur, rue & près du Palais du Temple.
De Grenelle, rue de même nom, faubourg
   S. Germain.
Des Halles, à la Halle, près le Pilori.
Des Incurables, rue de Sève.
Des Innocens, rue S. Denis.
Du Louvre, grande-cour du Château.
Du Luxembourg : il y en a une, rue de Vau-
   girard & l'autre rue d'Enfer.
De Merle, rue Salle-au-Comte.
Maubué, rue S. Martin.
Des Mousquetaires, rue de Charonne.
Du Palais-Royal, cour de ce Palais.
Du Paradis, rue du même nom.
Fontaine, ou décharge de la pompe de la Sa-
   maritaine, vis-à-vis le quai-de-Bourbon.
Du Palais, cour du Palais.
Des Petits-Pères, tenant à la cour du Couvent.
Du Ponceau, rue S. Denis, vis-à-vis la rue
   Neuve S. Denis.
De la Porte-Baudoyer, Cimetière S. Jean.
De la Porte-S. Denis, près la rue de Bourbon.
De Pot-de-fer, rue Mouffetard.
Des Quinze-Vingts, dans l'enclos de cet Hôpital.
Des Recolets, faubourg-S. Laurent.
Du Regard, Réservoir où arrivent les eaux
   d'Arcueil, hors la fausse porte S. Bernard.
De la Trinité, rue S. Denis, au coin de la rue
   Grenata.
De Richelieu, rue de même nom,

Royale, rue S. Louis, près la Place-Royale.

De S. Benoît, près la Place-Cambrai.

De Saint-Côme, rue des Cordeliers, attenant l'Eglise.

De S. Germain - des - Prés, rue des Cordeliers, près la rue de la Comédie.

De S. Lazare, près la barrière-S. Denis.

De S. Michel, au haut de la rue de la Harpe.

De S. Severin, au bas de la rue S. Jacques.

De S. Victor, au coin de la rue de Seine.

De Ste Avoie, rue de même nom.

De Ste Catherine, vis-à-vis les Jésuites, rue S. Antoine.

De Ste Geneviève, au haut de la Montagne de même nom.

Du Temple, rue de même nom, vis-à-vis la rue de N. Dame-de-Nazaret.

Des Tournelles, au haut de la rue S. Antoine.

Des Vieilles-Audriettes, au coin de la rue du Chaume.

De Vendôme, rue de même nom.

❋❋❋❋❋❋❋❋❋❋❋❋❋❋❋❋❋❋❋❋❋❋

DES PORTS.

Au-bled, près de la Grève.

Au-bois, l'Ile-Louvier, quai des Galleries du Louvre & des Miramionnes.

Au-foin, près le quai-du-Louvre.

Glatigni, près la rue du Haut-Moulin.

Au-marbre, au bout du Cours-la-Reine, du côté des Tuilleries.

Aux-pavés, au-dessus de la porte-S. Bernard, & près du pont-Grammont.

Aux-pierres, vis-à-vis le milieu du Cours-la-Reine.

Au-Plâtre, depuis la Rapée jusqu'à la pointe de l'Arcenal.

De la Rapée, au faubourg-S. Antoine.

De S. Bernard, à la porte de même nom.

De S. Landri, rue d'Enfer, quartier de la Cité.

De S. Nicolas, au bout du quai des galleries du Louvre.

De S. Paul, au quai des Célestins.

Au-sel, depuis le Pont-Neuf jusqu'au quai de la Ferraille.

Aux-tuilles, quai de la Tournelle, vis-à-vis les Miramionnes.

Au-vin, à la porte-S. Bernard.

CHARBON.

CHARBON par terre, Ile-Louvier, à la Grève & à la demi-lune des Boulevards.

Charbon par eau, port-S. Bernard, port-S. Paul, quai de la Ferraille, vis-à-vis les Quatre-Nations, & quai des Miramionnes.

Charbon de terre, Ile-Louvier & à la Grève.

DES ABREUVOIRS.

QUAI-D'ORLÉANS, Ile-S. Louis.

Quai-des-Orfévres, Ile-du-Palais.

Porte-S. Bernard.
Porte de la Conférence.
A la Grenouillère.
A l'Hôpital-Général.
Aux Invalides.
Port-au-Plâtre.
Port-S. Nicolas.
Port-S. Paul, dans la Cité, près le terrein.
Quai-de-Conti.
Quai-de-l'École.
Quai-des-Miramiones.
Quai-d'Orsai.
Quai-des-Théatins.
Rue des Grands-Degrés, près la rue de Bièvre.
Rue des Gobelins, derrière Saint-Hippolyte.
Rue de S. Germain-de-l'Auxerrois.

DES CARREFOURS.

DE BUSSI. Il aboutit aux rues Dauphine, S. André-des-Arcs, & des Fossés-S. Germain-des-Prés.

De la Croix-de-Clamart. Il aboutit aux rues du Jardin-du-Roi, de Polivau & de Fer.

De la Croix-Rouge. Il aboutit aux rues du Four, de Grenelle, de Sève, du Chasse-Midi & du Sépulcre.

De la Croix-du-Trahoir. Il aboutit aux rues de l'Arbre-sec & de S. Honoré.

De l'École, vis-à-vis le quai de même nom.

De Guilleri. Il aboutit aux rues de la Coutellerie & de la Planche-Mibrai.

De l'Ile-S. Louis, au milieu de l'île de même nom.

De la Pierre-au-Lait. Il aboutit aux rues de la Vieille-Monnoie & de la Savonnerie.

De la Pitié, vis-à-vis l'Hôpital de même nom.

Du Pont-Alet, à la pointe S. Euftache.

Du Pont-de-la-Tournelle, Porte-S. Bernard.

Du Puits-l'Hermite. Il aboutit aux rues du Battoir, Fontaines-du-Roi & Françoife.

De la rue au-Fer. Il aboutit à la Fontaine des SS. Innocens.

De S. Benoît. Il aboutit aux rues S. Benoît, de l'Égout & Taranne.

De S. Gervais, vis-à-vis de l'Eglife de même nom.

de Saint-Hippolyte, au bout du faub. S. Marceau.

De S. Lazare, vis-à-vis la rue de même nom.

Dé la Tanerie, au milieu de la rue de même nom.

Des Trois-Maries. Il aboutit à la rue de la Monnoie & au Pont-Neuf.

* * * * * * * * * * * * * * * * *

DES QUAIS.

D'ALENÇON, ou D'ANJOU, Ile-Saint-Louis, depuis le Pont-Marie jufqu'à l'Hôtel-de-Bretonvilliers.

Des Auguftins, ou de la Vallée, depuis le Pont-Neuf jufqu'à la rue du Hurepoix.

Des Balcons, ou Dauphin, depuis le Pont-de-la-Tournelle jufqu'à la pointe de l'Ile-Saint-Louis.

Beaufils, ou des Ormes, depuis la Place-aux-
  veaux jufqu'au quai-S. Paul.

De Bourbon, depuis le Pont-Rouge jufqu'au
  Pont-Marié, Ile-S. Louis.

De Bourbon, depuis la terraffe du Louvre jufqu'au quai-de-l'École.

Des Céleftins, depuis la rue S. Paul jufqu'à
  l'Arcenal.

De Conti, depuis le Pont-Neuf jufqu'au Collége des Quatre-Nations.

Quai-Dauphin. *Voyez* quai-des-Balcons.

De l'École, depuis le Pont-Neuf juqu'au quai-
  de-Bourbon.

De la Ferraille, ou de la Megifferie, ou de la
  Vallée-de-Misère, depuis le Pont-Neuf jufqu'au Châtelet.

Des galleries-du-Louvre, depuis le Pont-Royal
  jufqu'au quai-de-Bourbon.

De Gévres, depuis le Pont-Notre-Dame jufqu'au
  Pont-au-Change.

De la Grenouillère, depuis le quai-d'Orfai jufqu'aux arbres devant les Invalides.

De l'Horloge, depuis le Pont-au-Change jufqu'au quai-des-Morfondus.

De la Grève, depuis la Grève jufqu'au Marché-
  aux-veaux.

Malaquais, ou des Théatins, depuis le Pont-
  Royal jufqu'au Collége des Quatre-Nations.

Du Marché-Neuf, la longueur du Marché de
  même nom.

Des Morfondus, depuis le quai-de-l'Horloge
  jufqu'au Pont-Neuf.

Des Orfévres, depuis le milieu du Pont-Neuf
  jufqu'à la rue S. Louis.

D'Orléans, Ise-S. Louis, depuis le Pont-de-la-
Tournelle jusqu'au Pont-Rouge.

Des Ormes. *Voyez* quai-Beaufils.

Pelletier, ou Neuf, depuis le Pont-N Dame
jusqu'à la Grève.

Des Quatre-Nations, depuis le quai-de-Conti
jusqu'à celui des Théatins.

De S. Paul, depuis le port de même nom jusqu'au quai-des-Ormes.

Des Théatins. *Voyez* quai-Malaquais.

De la Tournelle, depuis la Porte-S. Bernard
jusqu'à la rue des Bernardins.

Des Tuilleries, depuis le Pont-Royal jusqu'à
la Porte-de-la-Conférence.

D'Orsai, depui le Pont-Royal jusqu'au quai-de-
la-Grenouillère.

DES CLOITRES.

BERNARDINS, rue de même nom.

Culture-Ste-Catherine, rue de même nom.

Jacobins, issue à la rue-S. Honoré, & au cul-de-
sac-S. Hyacinte.

Jésuites, rue S. Paul.

Notre-Dame, 4 issues au Parvis, rue des Marmouzets, rue-d'Enfer & au Terrein.

S. Benoît, 4 issues rue des Mathurins, deux rue
S. Jacques & rue de Sorbonne.

S. Esprit, à la Grève, & à S. Jean en Grève.

S. Etienne-des-Grecs, rue S. Jacques.

S. Germain-de-l'Auxerrois, 4 issues rue de l'Arbre-sec,

bre-fec, rue des Prêtres, rue de Petit-Bourbon, & au vieux Louvre.

S. Honoré, 3 iffues rue S. Honoré, rue Croix-
des-petits-champs, & rúe des Bons-Enfans.

S. Jacques de la Bouc. 3 iffues rue des Écrivains,
du Crucifix, S. Jacques, & rue Marivaux.

S. Jacques-l'Hôpital, rue Monconfeil, & rue
Mondétour.

S. Jean-en-Grève, rue du Monceau, & rue du
Pet-au-Diable.

S. Julien-le-pauvre, rue Galande, & rue Saint-
Julien.

S. Louis-du-Louvre, rue S. Thomas-du-Louvre,
& rue Fromenteau.

S. Magloire, rue S. Denis, & r. Salle-au-Comte.

S. Martin, rue S. Martin.

S. Merri, rue S. Martin, & rue de la Verrerie.

S. Nicolas-des-champs, rue S. Martin, & rue
Aumaire.

Ste-Opportune, 5 iffues rue des Foureurs, rue
des Lavandières, rue de la Harangerie, rue
de la Tablèterie, & rue Court-Talon.

*COURS qui fervent de paffage d'une rue à une
autre, outre celles des Eglifes à travers def-
quelles on peut paffer.*

DE BAVIERE, rue Bordet, & à Sainte-Geneviève.

Des Carmélites, rue du faubourg - S. Jacques,
& rue d'Enfer.

Du Dragon, rue du Sépulcre, & rue Ste-Marguerite.

K

De Lamoignon, quai-de-l'Horloge, & rue du Harlai.

Du Marché des Quinze-Vingts, rue S. Honoré, rue S. Louis, & rue S. Nicaife.

Des Miracles, rue Neuve-S. Sauveur, & rue des Filles-Dieu.

Ancienne Cour du Palais, rue Ste-Anne, rue de Nazaret, rue de la Draperie, & rue Saint-Eloi.

Neuve-du-Palais, rue du Harlai, & Cour de Lamoignon.

Du Palais-Abbatial, rue du Colombier, & rue de Buffi.

Du Palais-Abbatial, rue Ste-Marguerite, & rue S. Benoît.

Du Roi-François, rue S. Denis, près les Filles-Dieu, & rue des Égouts.

De S. André-des-Arcs, rue du Cimetière, & rue S. André-des-Arcs.

De S. Eloi, devant le portail du Mai, & rue de la Barillerie.

De S. Julien, rue Galande, & rue S. Julien-le-pauvre.

De l'ancien Grand-Cerf, rue S. Denis, près la rue du Petit-Lion, & rue des Deux-Portes.

Du Saumon, rue Montmartre, vis-à-vis la rue des Vieux-Augustins, & rue Montorgueil.

L'on trouve dans différens quartiers plusieurs maisons qui ont passage d'une rue à une autre.

DES MARCHÉS ET BOUCHERIES.

HALLE pour toutes les denrées. C'eſt le lieu le plus conſidérable , & celui qui fournit tous les Marchés en légumes , œufs , beurre , fruits, poiſſons, &c. Ses Boucheries ſont celles de Beauvais, de la rue Comteſſe - d'Artois , & de la pointe-S. Euſtache.

Petit Marché & Boucherie des Enfans-rouges , près les Enfans-rouges.

Grand Marché & Boucherie du Cimetière Saint-Jean.

Grand Marché & Boucherie de l'Abbaye S. Germain. Les Boucheries adjacentes ſont celles de l'Abbaye & de la rue des Boucheries.

Petit Marché & Boucherie du faubourg-Saint-Antoine , à l'entrée.

Petit Marché & Boucherie du faubourg-Saint-Antoine , près la rue de Montreuil.

Médiocre Marché & Boucherie de S. Paul , rues S. Antoine & de S. Paul.

Grand Marché & Boucherie de la Place-Maubert, la Boucherie rue & Montagne-Ste-Geneviève.

Marché & Boucherie de Montmartre, rue Montmartre : le Marché eſt petit.

Médiocre Marché & Boucherie du Marché-Neuf, dans la Cité.

Petit Marché & Boucherie du Temple. Le Marché eſt dans le Temple , & la Boucherie rue de la Corderie.

K 2

Petit Marché & Boucherie de la Ville-Neuve.

Marché & Boucherie des Quinze-Vingts, affez confidérable : rue S. Honoré.

Petit Marché & Boucherie de l'Apport-Paris : la Boucherie eft confidérable.

Petit Marché & Boucherie de S. Martin, près S. Nicolas-des-champs : la Boucherie eft confidérable.

Petit Marché & Boucherie d'Aguefleau, faub. S. Honoré : la Boucherie eft affez confidérable.

Petit Marché & Boucherie de la Porte-Saint-Michel.

Petit Marché & Boucherie de la Porte-Saint-Jacques.

Boucherie du Petit-Châtelet, qui contient du étaux.

Boucherie des Invalides, au Gros-Caillou.

(*Outre les Boucheries indiquées ci-deffus, il y a des Bouchers établies en différentes rues dans tous les quartiers.*)

Marché au pain. 1524 Boulangers des environs de Paris font obligés d'apporter du pain, le Mercredi & le Samedi de chaque femaine, à la Halle, au Cimetière-S. Jean, à la Place-Maubert, à la Place du Palais-Royal, au Caroufel, au faubourg-S. Antoine, à la Porte-S. Michel, au Marché de l'Abbaye, au Marché-Neuf, au Marché-S. Paul, au Marché-d'Aguefféau. Outre cela, il y a dans Paris 580 Maîtres Boulangers en boutiques.

On prétend que la confommation qui fe fait dans cette ville fe monte au moins à 150 mille

muids de bleds, 100 mille bœufs ou vaches,
72 mille veaux, 420 mille moutons, 14 mille
porcs, 350 mille muids de vin, & une grande
quantité de bierre, de cidre, d'eau-de-vie & de
liqueurs.

Marché à la farine, à la Halle.

Marché aux porcs frais, à la Halle.

Marché à la Volaille, au quai-des-Augustins.

Marché à la Volaille, à la Halle.

Marché au vin, Porte-S. Bernard.

Marché aux chevaux, faubourg-S. Victor.

Grenier à sel, rue S. Germain-de-l'Auxerrois :
l'on y distribue les Lundis les quarts de minot,
les Mercredis & Samedis les minots & demi-
minots.

PROMENADES PUBLIQUES, où le
peuple n'entre que le jour de S. Louis, fête
du Roi.

LES Tuilleries.	L'Hôtel-de-Soubise.
Le Palais-Royal.	L'Hôtel de-Bretonvil-
L'Arcenal.	liers.
Le Jardin-du-Roi.	Le Luxembourg.
Le Jardin - de - l'In-	Le Terrain pour les
fante.	hommes.

PROMENADES pour les Carosses & le Peuple.

LES BOULEVARDS, ou Remparts.
Ils ont 5 mille pas ou 5 quarts de lieue de

long , arrofés tous les jours ; mois de l'Eté, promenade à la mode , où fe rend un grand nombre de perfonnes de tous états , attirées par la mufique des Caffés & par les parades des Baladins.

Nouveaux Boulevards. Ils ont 6 mille pas ou une lieue & demie de long : ils commencent derrière les Invalides , & finiffent à la rivière , près l'Hôpital-Général.

Cours-la-Reine. Il a 900 pas dans fa plus grande largeur , & 300 à l'entrée , du côté de la place de Louis XV.

Cours-Dauphin. Il a 1500 pas de long, deux grilles : il eft entre la rivière & le Cours-la-Reine.

Champs-Elifées , proche le Bois-de-Boulogne. Ils ont plufieurs belles allées & une vafte campagne.

Bois-de-Boulogne , grand enclos à demi-lieue de Paris, qui renferme de belles allées d'arbres , le château de Madrid & celui de la Muette , ou Meute.

La Place des Invalides. p. 96.

Les allées de Vincennes. Elles font à la fortie du faubourg-S. Antoine ; leur longueur eft d'une demi-lieue : elles finiffent au Bois-de-Vincennes , promenade charmante , où il y a un beau Château Royal de même nom.

BIBLIOTHEQUES PUBLIQUES.

BIBLIOTHEQUE DU ROI, rue de Richelieu. Elle a 210 pas sur 90 : le bâtiment, composé de magnifiques galleries, contient environ 150 mille volumes imprimés, & plus de 80 mille manuscrits, un cabinet d'estampes & un cabinet de médailles. Cette Bibliothèque est la plus précieuse de l'Europe ; les livres y sont en grande partie reliés de maroquin rouge avec les armes du Roi : elle est ouverte au public pour les livres imprimés, le mardi & le vendredi, depuis 8 heures du matin jusqu'à midi, à l'exception des fêtes & des vacances.

B. du Collége-Mazarin. Elle est ornée de sculpture : on l'ouvre au public le lundi & jeudi matin & soir, excepté les fêtes : ses vacances sont du premier d'Août jusqu'à la Toussaints.

B. de S. Victor, rue S. Victor. On l'ouvre au public le lundi, mercredi & samedi, depuis 8 heures jusqu'à 10, l'après-midi depuis 2 jusqu'à 4 : ses vacances sont du 15 d'Août jusqu'au 18 Octobre.

B. de la Doctrine-Chrétienne, rue des Fossés-S. Victor. On l'ouvre au public le mardi & le vendredi, depuis la S. Martin jusqu'à la S. Louis.

B. de la Ville. Nouvelle Bibliothèque qui est rue Pavée à l'Hôtel-Lamoignon, en

attendant qu'elle foit placée à l'Hôtel-de-
Ville : on l'ouvre au public le mercredi &
famedi, depuis 2 heures jufqu'à 5 en Eté, &
depuis 2 jufqu'à 4 en Hiver : fes vacances
font du premier Septembre jufqu'à la Saint-
Martin.

B. de la Faculté de Medécine, rue de la
Bucherie. On l'ouvre le lundi après midi,
depuis 3 heures jufqu'à 6 en Eté, & depuis
2 jufqu'à 5 en Hiver.

B. des Avocats, Cour de l'Archevêché.
Les Avocats & les Sçavans font libres d'y en-
trer les après-midi du lundi, mardi, jeudi &
vendredi.

*BIBLIOTHEQUES les plus remarquables
non publiques, mais dont on accorde facilement l'entrée aux Sçavans.*

BIBLIOTHÈQUE *de Ste-Geneviève.*
Cette Bibliothèque, qui eft très-belle, pof-
féde un grand nombre d'anciennes éditions
rares, des manufcrits ; des portes-feuilles
de defleins originaux, près defquels eft un
cabinet de curiofités : l'on y entre, depuis 2
heures jufqu'à 5, le lundi, famedi & vendredi.

B. de S. Germain-des-Prés. L'on y compte
plus de 50 mille volumes & quantité de manufcrits : les gens-de-lettres y entrent facilement depuis 9 heures jufqu'à 11.

B. des Céleftins. Elle eft confidérable, fur-tout par les anciens manuscrits & les anciennes éditions, parmi lesquels on voit une Bible donnée par Charles V.

B. des Petits-Pères de la Place-des-Victoires Elle est remarquable par une grande collection de livres, un cabinet de curiosités, & un beau médailler.

B. de la Sorbonne. On la remarque pour la quantité de ses manuscrits authentiques.

B. de l'Hôtel-Soubise. Les gens-de-lettres y entrent facilement tous les jours.

ACADÉMIES ROYALES.

ACADEMIE FRANÇOISE, composée de 40 Académiciens. Elle doit son établissement au Cardinal ne Richelieu en 1635: ses assemblées se font au Louvre les lundis, jeudis & samedis. Le prix qu'elle adjuge est une médaille d'or estimée 300 liv.

Académie des Inscriptions & Belles-Lettres, érigée en 1663. Elle est composée de 10 honoraires & 30 associés : ses assemblées se tiennent au Louvre les mardis & vendredis. Elle adjuge deux prix, l'un une médaille d'or, l'autre fondé par M. le Comte de Caylus, pour l'éclaircissement de l'antiquité, relativement aux Arts & aux usages des anciens : c'est une médaille d'or de 500 liv.

Académie des Sciences, établie en 1666 par le Réglement du 3 Janvier 1716. Elle a 14 honoraires, 20 pensionnaires, 26 associés,

12 adjoints ; des 26 associés, il y en 8 étrangers, 6 qui ne sont attachés à aucun genre de science, & forment la classe des associés libres : les 12 autres, ainsi que les 20 pensionnaires & les 12 adjoints, doivent être établis à Paris.

Académie de Peinture & de Sculpture, établie en 1648. Ceux qui y occupent les premières places, au nombre de 40, tiennent leurs assemblées au Louvre, où ils s'occupent plusieurs jours de la semaine à corriger les Étudians.

Académie d'Architecture, établie en 1671. Elle est composée de deux classes, qui ont pour directeur le premier Architecte du Roi : leurs assemblées sont au Louvre tous les lundis.

Académie de Chirurgie, établie en 1748. Son Président est le premier Chirurgien du Roi ; il y a plusieurs Officiers & 40 Conseillers : elle tient ses assemblées à S. Côme.

Académies où l'on apprend à monter à cheval : la première, rue des Canettes ; la seconde, au manége des Tuilleries. Elles sont sous la protection du Roi & sous les ordres du Grand-Ecuyer de France, qui leur fait observer les Réglemens faits à ce sujet.

H O T E L S.

A

Aiguillon, (d') r. de l'Université.
Albret, (d') r. des Francs-Bourgeois, q. S. Ant.
Aligre, (d') r. de l'Université.
Aligre, (d') r. S. Honoré.
Ambassadeur d'Espagne, (de l') r. de Grenelle, f. S. Germain.
Angerville, (d') r. de l'Université.
Angoulême, (d') r. Pavée, q. du Marais.
Ancezune, (d') r. de Bourbon, f. S. Germ.
Arcour, (d') r. des Petits-Augustins.
Argenson, (d') r. du Grand-Chantier.
Armenonville, (d') r. S. Honoré.
Abfeld, (d') r. S. Dominique, f. S. Germ.
Aumond, (d') r. de Joui.
Avergne, (d') r. de l'Université.
Auvergne, (d') r. S. Dominique, f. S. Germ.

B

Beauvais, (de) r. S. Antoine.
Beringhen, (de) r. S. Nicaise.
Bellisle, (de) 100 pas sur 100, r. de Bourbon.
Bezons, (de) r. Vivienne.
Bignon, (de) 100 p. sur 50, r. des Bernardins.
Blainville, (de) r. S. Dominique, f. S. Germ.
Boucherat, (de) r. S. Louis, q. du Marais.
Boufflers, (de) r. de Grenelle, f. S. Germ.
Bouillon, (de) 195 p. sur 100, q. des Théatins.
Bouillon, (de) r. Neuve-des-petits-champs.

Bourbon, (de) r. Grenelle, f. S. Germ.

Bourbon, ou le petit-Luxembourg, (de) r. de Vaugirard. Cette maison, bâtie par le Cardinal de Richelieu pour la Duchesse d'Aiguillon sa nièce, a été occupée depuis par la Princesse Anne de Bavière, veuve d'Henri-Jules de Bourbon, Prince de Condé : cette Princesse l'a embelie & fait augmenter considérablement en 1710. Il y a un passage sous la rue qui communique au grand bâtiment qui est de l'autre côté : le jardin, séparé par une grille de celui du Luxembourg, a 400 pas sur 15.

Brancas, (de) r. de Tournon.

Bretonvilliers, (de) Ile-S. Louis : le jardin ou terrasse en très-belle vue, & public.

Broglie, (de) place de Louis-le-Grand.

Broglie, (de) r. S. Dominique, f. S. Germ.

C

Camus, (de) r. de Torigni. Cet hôtel est digne de la curiosité des étrangers, sur-tout pour son magnifique escalier.

Castres, (de) r. de Varenne.

Caumartin, (de) r. Ste-Avoie.

Caumon, (de) quai-des-Célestins.

Cavoie, (de) r. des SS. Pères.

Chancelier, (du) place de Louis-le-Grand.

Charost, (de) r. Montmartre.

Châtillon, (de) r. S. Dominique, f. S. Germ.

Chevreuse, ou de Luynes, (de) 150 p. sur 100, r. S. Dominique, f. S. Germ.

Choiseuil, (de) r. de Richelieu.

Clermont,

Clermont, (de) r. de Varenne.

Collande, (de) r. des SS. Pères.

Cluni, (de) r. des Mathurins.

Condé, & le jardin, (de) 200 p. sur 140, rue de Condé

Conti, ou Garde-meuble du Roi, (de) 100 p. sur 50, quai-de-Conti.

Contrôleur-Général, (du) r. Neuve-des-petits-champs.

Cossé, (de) r. des SS. Pères.

Cosnac, (de) r. de l'Université.

Créqui, (de) r. des Poulies.

D

Dangeau, r. de Bourbon, f. S. Germ.

Duras, rue du f. S. Honoré.

E

Effiat, (d') Vieille rue du Temple.

Elbeuf, (d') r. S. Nicaise.

Épernon, (d') Vieille rue du Temple.

Étrées, (d') r. Barbette.

Étrées, (d') r. de Grenelle, f. S. Germ.

Évreux, (d') r. du faub. S. Honoré.

F

Fermes, ou la Douanne, (des) 210 pas sur 50, r. Grenelle-S. Honoré.

Ferme-du-Tabac, (de la) 150 p. sur 100, rue S. Nicaise.

Force, (de la) r. des SS. Pères.

Force, (de la) 120 p. sur 100, r. des Ballets.

Fourci, (de) r. de Joui.

L

G

Gevres, (de) r. Neuve-S. Auguftin.

Gêvres, (de) r. Coqueron.

Gouffier, rue de Varenne.

Grammont, (de) avec le jardin, 310 p. en quarré, rue Neuve - S. Auguftin : l'on a pris aujour-d'hui ce terrein pour faire une nouvelle rue, vis-à-vis celle de Ste-Anne, pour la conti-nuer jufqu'au Boulevard.

H

Hôpital, (de l') r. du Temple, près le Boulevard.

Humières, (d') r. de Bourbon, faub. S. Germ.

I

Isenghien, (d') r. de Grenelle, f. S. Germ.

L

Lambert, (de) r. Poulletier, Ile-S. Louis.

Lambert, (de) r. de l'Univerſité.

Lamoignon, (de) r. Pavée.

Laffai, (de) aujourd'hui de Boufflers, 200 p. fur 80, à côté du Palais de Bourbon.

Lautrec, (de) quai-des-Théatins.

Lieutenant-Civil, (de M. le) r. Bourtibourg.

Lieutenant-de-Police, (de M. le) rue Neuve-S. Auguftin.

Lefdiguières, (de) r. S. Dominique, f. S. Germ.

Lefdiguières, (de) r. de la Cerifaie. Cet hôtel, où le Czar-Pierre Alexiowits a fait fon féjour en 1717, eft prefque détruit : ce qui en refte

du terrein avec le jardin , a été vendu à des
entrepreneurs qui en ont fait une rue fermée
par deux portes, l'une rue de la Cerifaie., &
l'autre r. S. Antoine.

Livri, (de) r. Neuve-des-petits-champs.

Lorraine , (de) r. Pavée.

Louvois, (de) avec le jardin, 210 p. fur 110 ,
    r. S. Dominique , f. S. Germ.

Lude, (du) 160 pas fur 100 , rue de Richelieu.

Lude , (du) r. Payenne , q. du Marais.

M

MAILLI, (de) r. de Beaune ; le petit hôtel ,
    rue du Bacq.

Maine , (du) r. de Bourbon.

Maine , (du) r. de Varenne.

Maifon , (de) 100 p. fur 100 , r. S. Dominique ,
    f. S. Germ.

Matignon , (de) r. S. Dominique , q. S. Germ.

Matignon , (de) 200 p. fur 80 , r. de Varenne.

Maurepas, (de) r. de Grenelle , f. S. Germ.

Mayenne , (de) r. S. Antoine.

Mazarin , (de) r. Neuve-des-petits-champs.

Mazarin , (de) r. de Varenne.

Même, (de) r. Sainte-Avoie.

Mezières , (de) r. de Varenne.

Montarère , (de) r. S. Guillaume.

Moret, (de) r. des Francs-Bourgeois.

Morfteim, (de) 250 p. fur 15, quai-des-Théatins.

Motte-Houdancourt, (de la) rue de Grenelle ,
    f. S. Germ.

Montmorenci , (de) r. Sainte-Avoie.

Montmorenci , (de) r. S. Dominique , f. S. Germ.

Mousquetaires-Gris , (des) 100 p. sur 80 , r. du Bacq , bâti aux dépens de la Ville.

Mousquetaires-Noirs , (des) 200 p. sur 50 , rue de Charonne , bâti aux dépens de la Ville.

Monnoie , (de la) 100 p. sur 40 , rue de même nom : le neuf que l'on va bâtir sera situé place de Louis XV.

N

NAVAILLE , (de) r. de Grenelle , f. S. Germ.

Nemond , (de) 80 p. sur 50 , r. Pavée-Tournelle.

Nemond , (de) r. Pavée , q. S. André.

Nivernois , (de) autrefois des Ambassadeurs , r. Tournon.

Noailles , (de) r. S. Honoré.

O

ORSAI , (d') rue des Lions.

P

PELLETIER , rue Sainte-Catherine.

Pomponne , (de) place-des-Victoires.

Ponchartrain , (de) r. Vivienne.

Pont , (de) rue de l'Université.

Pont , (de) rue des SS. Pères.

Premier Président , (de M. le) ancienne cour du Palais.

Prévôt-des-Marchands , (de M. le) à la Bibliothèque du Roi , comme Bibliothéquaire.

Procureur-Général , (de M. le) r. S. Guillaume.

R

RICHELIEU, (de) rue d'Antin.

Richelieu, (de) r. de l'Université.

Rochefoucault, (de la) r. de Seine , f. S. Germ.

Romain , (du) r. des SS. Pères.

Roquelaure , (de) 150 p. fur 80 , r. S. Dominique , f. S. Germ.

Rouen , (de) Place-Royale.

Royal de la Grande - Pofte , 100 p. fur 50 , rue
Plâtrière.

Rupelmonde , (de) r. S. Dominique , f. S. Germ.

S.

SALE , rue de Torigni.

S. Gelais , (de) r. de la Planche.

S. Simon , (de) r. S. Dominique , f. S. Germ.

Sens , (de) 200 p. fur 110 , r. d'Enfer, f. S. Mic.

Soubife. (de) Le jardin & l'enclos ont 250 p.
fur 200, r. du Paradis. Cette maifon , qui a
porté le nom d'Hôtel - de - Guife jufqu'en
1697, fut achetée par François de Rohan ,
Prince de Soubife , lequel l'a fait augmenter du beau bâtiment qui eft fur le devant ,
& de cette belle cour entourée de colonnes
couplées qui forment un coridor , à la faveur
duquel on va à couvert tout autour : l'hôtel
de Strasbourg , qui le borne du côté de la
Vieille rue du Temple , a été bâti fur le terrein de celui de Soubife par M. le Cardinal
de Rohan.

Sourdiac , (de) Cloître-S. Germain-l'Auxerrois.

Sourdi , (de) rue de l'Arbre-fec.

Sourdi , (de) r. d'Orléans, q. du Marais.
Strasbourg , (de) Vieille rue du Temple.
Sulli , (de) r. S. Dominique, f. S. Germ.
Sulli , (de) place de Louis-le-Grand.

T

TELLIER , (de) rue des Francs-Bourgeois.
Tingri , (de) rue de Varenne.
Trêmes , (de) rue S. Louis, au Marais.
Trimouille , (de la) r. de Vaugirard.
Toulouse , (de) 100 p. presque en triangle, vis-
    à-vis la Place - des - Victoires. Cet hôtel fut
    nommé de la Vrillière jusqu'en 1713 , que
    M. le Comte - de - Toulouse en fit l'acquisi-
    tion. Ce Prince y a fait des augmentations
    considérables , qui ont été continuées par le
    Duc de Penthièvre son fils : l'architecture,
    les peintures & les ameublemens en sont
    admirables.
Toulouse , (de) r. du Chasse-midi.
Turgot , de rue S. Antoine , ci-devant de Sulli.

U

UZEZ , (d') rue Montmartre.

V

VALLIERE , (de la) 210 p. sur 80, r. Neuve
    S. Augustin.
Vantadour , (de) r. de Tournon.
Vendôme , (de) rue de Varenne.
Vice-Chancellier, (de M. le) r. de Varenne.
Vieuville, (de la) 100 p. sur 50 , r. des Lions.

Villars, (de) r. de Grenelle, f. S. Germ.
Vitri, (de) r. S. Louis, au Marais.
Vrillière, (de la) r. Neuve-des-Bons-Enfans.

HOTELS GARNIS.

Les grands sont marqués par un G , les moyens par un M , & les petits par un P.

M. ABBEVILLE, (d') r. Guenegaud.
P. Aigle-d'or , (de l') r. Gît-le-cœur.
G. Allemagne, (d') r. Jacob.
P. André , (de S.) r. S. André-des-Arcs.
G. Angleterre, (d') r. du Colombier, Traiteur.
M. Angleterre, (d') r. de Condé.
G. Angleterre , (d') r. du Mail.
P. Angleterre , (d') r. Cristine.
P. Angleterre, (d') r. S. Honoré , près le Palais-
    Royal , table d'hôte.
P. Anglais , (des) rue du Four.
G. Anjou, (d') rue Dauphine.
P. Anjou , (d') r. Neuve-S. Eustache.
G. Antragues , (d') r. de Tournon, Traiteur.
P. Anguien, (d') r. Champ-fleuri, Traiteur.
M. Armenonville, (d') r. de Grenelle-S.Honoré,
    Traiteur.
M. Artois, (d') r. Guenegaud.
G. Asturie, (d') r. du Sépulcre.

B

P. BAYONNE, (de) r. S. Honoré, vis-à-vis
    l'Opéra.

M. Beauvais, (de) r. des Vieux-Auguſtins.

G. Berri, (de) r. S. Thomas-du-Louvre, table d'hôte.

P. Beſançon, (de) r. Ste-Anne.

G. Bouloi, (du) r. du Bouloi.

M. Bourbon, (de) r. de Grenelle-S. Honoré.

G. Bourbon, (de) r. des-petits-champs.

M. Bruxelles, (de) r. du Colombier, Traiteur.

M. Bourgogne, (de) r. Taranne, Traiteur.

G. Bretagne, (de) r. des Petits-champs.

C

M. CANDIE, (de) r. des Bons-Enfans.

M. Carignan, (de) r. Neuve-S. Euſtache.

P. Champagne, (de) r. des Petits-champs.

P. Chartres, (de) r. des Vieux-Auguſtins.

G. Chatillon, (de) r. de Tournon.

P. Chenaie, (de la) r. du Four.

P. Cheval-blanc, (du) r. de l'Hirondelle.

M. Condé, (de) r. de Grenelle-S. Honoré.

D

P. DAUPHIN, r. des Boucheries-S. Honoré.

M. Dauphin, rue des Petits-champs, Traiteur.

G. Deux-Siciles, (des) r. de Richelieu.

G. Deux-Écus, (des) r. des Deux-Écus.

M. Dougiat, rue S. Benoît.

E

G. ESPAGNE, (d') rue du Colombier.

G. Eſpagne, (d') r. Guenegaud.

G. Eſpagne, (d') r. Dauphine, Traiteur.

M. Efprit, (du S.) r. S. Benoît.
P. Efprit (du S.) r. de Grenelle-S. Honoré.
P. Efprit, (du S.) r. de Tournon.
M. Efprit , (du S.) r. du Four.
G. Efprit, (du S.) r. des Poulies.
P. Efprit, (du S.) r. Dauphine, Traiteur.
P. Efprit, (du S.) r. Gît-le-cœur.

F

P. FLANDRE, (de) r. Mazarine.
G. Flandre, (de) r. Dauphine.
P. Flandre , (de) r. de l'Échelle.
M. Flandre , (de) r. des Vieilles-Étuves.
M. France, (de) r. du Paon.
G. Freſillière , (de la) r. de Tournon.

G

G. GENEVE, (de) r. de Beauvais , place
    du Louvre.
G. Gêvres, (de) r. des Petits-champs.
G. Grand-Louis, (du) r. de Grenelle-S.Honoré.
G. Grand-Villars, (du) r. Taranne.
G. Grenelle, (de) r. de Grenelle , table d'hôte.

H

G. HOLLANDE, (d') r. S. André-des-Arcs.
M. Hollande , (d') r. du Colombier.

I

M. IMPERATRICE-REINE, (de l') rue
    Jacob.
M. Indes, (des) r. du Four.

L

G. Lambesc, (de) r. du Four.
M. Languedoc, (de) r. du Bouloi.
G. Londres, (de) r. Dauphine.
P. Londres, (de) r. du Colombier.
P. Louis, (de S.) r. Gît-le-cœur.
M. Louis-le-Grand, (de) r. du Petit-Repofoir.
G. Lufignan, (de) r. des Vieilles-Étuves.
G. Luxembourg, (du) r. Jacob.
P. Luxembourg, (de) r. de Tournon.
G. Luxembourg, (de) r. des Petits-Auguftins.
G. Luynes, (de) r. du Colombier.
P. Lyon, (de) r. des Deux-Écus.
G. Lyon, (de) r. de Grenelle-S. Honoré.

M

P. Magdelene, (de la) r. Sainte-Ayoie.
P. Mail, (du) r. du Mail.
G. Malte, (de) r. Traverfine.
P. Malte, (de) r. du Temple.
P. Malte, (de) r. Criftine.
P. Marine, (de la) r. des Deux-Écus.
M. Modène, (de) r. Jacob.
P. Montauban, (de) r. Gît-le-cœur, Traiteur.

N

P. Navarre, (de) rue des Boucheries-
     S. Honoré.
M. Nevers, (de) r. d'Orléans-S. Honoré.
P. Normandie, (de) r. du Four.
P. Normandie, (de) r. des Vieux-Auguftins.
M. Notre-Dame, (de) r. du Colombier.
P. Notre-Dame, (de) r. du Bouloi, Traiteur.

O

M. ORLÉANS, (d') r. Dauphine , Traiteur.
M. Orléans, (d') r. des Bons-Enfans.
G. Orléans, (d') r. de Richelieu.
G. Orléans, (d') r. des Petits-Augustins.

P

G. PAIX, (de la) r. de Richelieu.
M. Panier - fleuri, (du) rue des Augustins ,
    Traiteur.
G. Parc-Royal, (du) r. du Colombier.
G. Pérou , (du) r. Traversine.
M. Picardie , (de) r. de Seine.
P. Picardie , (de) rue S. Honoré , vis - à - vis
    l'Opéra , Traiteur.
P. Pierre, (de S.) r. du Four-S. Honoré.
M. Pondicheri, (de) r. Traversine.
G. Portugal , (de) r. du Mail.
G. Port-Mahon , (de) r. Jacob.
G. Portugal , (de) r. du Mail.
G. Provence, (de) r. Condé.
G. Providence , (de la) r. d'Orléans-S. Honoré.

Q

P. QUATRE-NATIONS, (des) rue de
    la Jussienne.

R

M. REINE-MARGUERITE, (de la) rue
    de Seine.
M. Rome, (de) r. Jacob.

G. Rouen, (de) r. S. Benoît.
G. Royal, r. de Richelieu.
G. Russie, (de) r. Cristine.

S

M. SAVOIE, (de), rue de Savoie.
G. Saxe, (de) r. du Colombier.
M. Strasbourg, (de) r. Neuve-S. Eustache.
G. Suède, (de) r. de Tournon.
G. Suède, (de) r. Sainte-Anne.
P. Suède, (de) r. Taranne.

T

G. TARANNE, (de) rue Taranne.
M. Thomas - du - Louvre , (de S.) r. de même nom , table d'hôte.
M. Toulouse, (de) r. des Augustins.
P. Toulouse, (de) rue des Vieux-Augustins, Traiteur.
P. Toulouse, (de) r. Gît-le-cœur.
P. Touraine, (de) r. Haute-feuille.
G. Tours, (de) rue du Paon.
G. Treville, (de) r. de Tournon.
G. Trois-Milords, (des) r. Traversine.
M. Turin, (de) r. des Vieux-Augustins.

V

M. VALOIS, (de) rue de Condé.
M. Verbois, (du) r. de l'Échelle.
G. Victoires, (des) r. des Fossés-Montmartre.
P. Victoires, (des) r. de la Jussienne.

P. Vienne,

P. Vienne, (de) r. du Petit-Bourbon.
P. Vignes, (des) r. du Petit-Lion.

Après ces Hôtels, l'on trouve dans tous les Quartiers une quantité de particuliers qui louent des petits appartemens & chambres garnies, qu'ils annoncent par des écriteaux à leurs maisons.

※※※※※※※※※※※※※※※※※※※

ÉCOLE-GRATUITE DE DESSEIN pour tous les métiers relatifs aux Arcs. Elle doit s'ouvrir le 10 Septembre 1766, rue & vis-à-vis S. André-des-Arcs.

LES JEUNES-GENS qui desireront être admis comme Eleves, se feront inscrire chez le sieur Bachelier, Peintre du Roi, Directeur de l'Ecole-gratuite de Dessein, & ne pourront y avoir entrée qu'autant qu'ils seront compris dans l'état signé de lui, pour être enclassés dans les différens genres d'étude sur la liste du jour & de l'heure des exercices.

M

TABLEAU DE LA JOURNÉE.

L'Ecole sera ouverte depuis sept heures du matin jusqu'à huit heures du soir, & divisée en cinq exercices de deux heures.

Nombre des Eleves qui composeront chaque Classe.	HEURES	
	D'ENTRÉE.	DE SORTIE.
100	7 du matin	9 du matin
100	$9\frac{1}{2}$	$11\frac{1}{2}$
100	Midi . . .	2 du soir.
100	$3\frac{1}{2}$ du soir.	$5\frac{1}{2}$
100	6.	8.

500 jeunes-gens enseignés dans la journée.

TABLEAU DE LA SEMAINE.

500 Élèves seront instruits le lundi & le jeudi.
500 autres le seront le mardi & le vendredi.
500 autres le mercredi & le samedi.

Les autres jeunes gens qui sont déja inscrits & ceux qui le seront dans la suite, trouveront place dans la seconde Ecole & dans les suivantes, dont l'ouverture se fera le plutôt possible.

MANUFACTURES.

MANUFACTURE ROYALE des Gobelins. Cet hôtel de 210 pas sur 180, rue du Faubourg - S. Marceau, a pris son nom nom d'un fameux Teinturier de Reims, qui s'y établit sous le regne de François I ; mais M. Colbert en fit le lieu de notre fameuse Manufacture pour les teintures des laines en écarlate, & pour la fabrique des tapisseries de la Couronne en haute & basse Lisse : l'on y fait aussi un vernis qui surpasse celui de la Chine, en ce qu'il s'applique sur des matières qui se plient.

Man. Royale des Glaces. Cette maison, rue de Reuilli, faubourg-S. Antoine, est le lieu où l'on polit les glaces dont la fonte se fait au château de S. Gobin, près de la Fère, & à Toulaville, près de Cherbourg.

Man. Royale de Tapis de la Couronne, au bas de Chaillot.

Man. Royale de Lanternes à reverbère, rue S. Louis, dans la Cité.

Man Royale de terre d'Angleterre, porte du pont-aux-choux.

Man. de porcelaine de S. Clou, rue de la Magdelene, faubourg-S. Honoré.

Man. de coutil peint en façon de verdure & histoire, rue S. Antoine, près la rue de l'Egout.

Man. de cuir doré, de tontisse, & de toiles à fleurs, rue S. Antoine, près la Bastille.

Man. de fayance, rue de la Roquette, faubourg-S. Antoine : il y en a plusieurs.

Man. de chandelles, trois rues du faub. S. Antoine, une rue du faubourg-S. Martin, près de S. Laurent.

Man. de colle, rue de Charonne, faub. S. Antoine.

Man. de velours à la Turque, rue du faubourg S. Antoine, près les Enfans-trouvés.

Man. d'étain en feuille pour les glaces, rue du faubourg-S. Antoine, près les Enfans-trouvés.

Man. de chandelles, à Scipion, rue de la Barre, faubourg-S. Marceau. Cette maison fournit de viande & de pain à tous les Hôpitaux qui dépendent de la Salpêtrière : l'on y cuit environ neuf mille livres de pain par jour pour la seule maison de l'Hôpital-Général.

Man. de vernis, tenue par Martin, rue du faubourg S. Denis.

Man. pour les vernis du Roi, rue du faub. S. Martin.

Man. de cuir d'Hongrie, rue du faubourg-S. Martin, & une autre au faub. S. Antoine.

Man. de bas, rue-Neuve-S. Denis, rue de Buffi, au coin de la rue de Seine, rue de la Comédie, rue S. Honoré, près l'Oratoire.

Man. de castors, rue S. André-des-Arcs, rue du Colombier, plusieurs, rues du faub. S. Antoine.

Man. (nouvelle) pour dégraisser & épurer les laines destinées à faire des couvertures &

matelas, au port-à-l'Anglais, près de Paris.

Man. à Corbeil, de toiles peintes : le magazin, rue S. Honoré, vis-à-vis la rue des Bourdonnois.

Man. de cylindre, faubourg-S. Antoine, rue Dauphine, à la Courtille & au faubourg du Temple.

Man. de bonneterie, rue Mouffetard, rue Bordet, à l'entrée de la rue de la Roquette.

Man. de lampes, rue S. Antoine, vis-à-vis les Filles-Sainte-Marie.

Man. de poîles de fayance, rue de la Roquette : il y en a plusieurs.

Man. de tapisseries peintes, rue S. Antoine, vis-à-vis la Place-Royale, & rue d'Enfer-S. Michel.

Man. de cheminées à la Prussienne, à l'entrée de la rue de la Roquette.

Man. de papier façon d'Angleterre, rue de Montreuil, faubourg-S. Antoine : il y en a plusieurs.

Man. de toiles-cirées, rue Ste-Marguerite, faubourg-S. Antoine.

Man. de papier-velouté, rue faubourg-S. Antoine, près les Enfans-trouvés.

Man. d'huile de bœuf, à la pointe de l'île-aux-Cignes : c'est un nouvel établissement au lieu nommé la Triperie, parce que l'on y netoie les intestins provenant des Boucheries de Paris.

Man. de tapisseries veloutées sur toiles & papier, Pont-Marie.

Man, de plomb laminé , rue de Berci, faubourg-S. Antoine.

Man de maroquins, r. S. Hypolite, f. S. Marc;

Man. de fer battu à froid & blanchi , dit métail blanc, rue Bafroi, faub. S. Antoine, & rue de l'Arbre-fec.

Man. (*nouvelle*) pour garantir le fer de la rouille, à la Villette, près de Paris, N°. 4.

FABRIQUES.

FABRIQUE d'étoffe de foie , rue du faubourg - S. Martin, près de la porte, & rue Neuve-S. Laurent,

Fab. d'amidon , rue des Foffés-du-Temple , rue Traverfine , faub. Saint - Antoine, rue du faub. Saint-Martin , près de l'Égout, & plufieurs au faub. S. Marceau,

Fab de gaze , de ruban d'or , d'argent & foie, de marli, d'éfilé, de frange, de chénille, de blonde : l'on en trouve plufieurs de toutes ces fortes dans la rue S. Denis, depuis la rue des Égouts jufques dans le faubourg au-deffous de S. Lazare , & dans les rues qui y aboutiffent.

Fab. de tapifferies , évantails & différens ouvrages, rue Bourg-l'abbé.

Fab. de galons d'or & autres, r. S. Honoré, près la rue des Bourdonnois.

Fab. de toutes fortes de cartons, à l'entrée de la rue de la Roquette.

Fab. de Chocolat, cour de la Baſtille &
rue S. Honoré, près S. Roch.

Calandres Royales, rue Cimetière-Saint-
Nicolas, & rue S Louis-le-Grand.

Tanneries, faubourg-S. Marceau.

Jardiniers-fleuriſtes, faub. S. Antoine.

Libraires & Imprimeurs, rue S. Jacques,
quai-des-Auguſtins, au Palais, & dans quelques autres rues voiſines. Ils ont la Chambre
Royale de leur Communauté rue du Foin:
c'eſt le lieu où ils tiennent leurs aſſemblées
le mardi & le vendredi après midi, pour vi-
ſiter gratuitement les livres qui arrivent de
tous pays.

Magazins de toutes ſortes de marchandiſes
utiles ou rares, rues S. Honoré, de S. Denis,
de S. Martin, des Bourdonois, des Lombards,
de la Verrerie, Dauphine, de Buſſi de Saint-
Jacques, de la Monnoie, du Roule, de Saint-
Antoine, de la Grande-rue du faubourg de
même nom, quai-de-Gêvres, Pont-au-Change, de S. Michel, de Notre-Dame, au Palais, & autres lieux.

✻✻✻✻✻✻✻✻✻✻✻✻✻✻✻✻✻✻✻✻✻✻✻✻

BUREAUX.

BUREAUX du Tréſor Royal, rue Saint-
Honoré, près la place de Vendôme; & rue
Grange-Batelière.

Bureaux de M. de Gagni, place de Louis-
le-Grand, pour le payement des effets royaux.

Bureaux des Rentes des Domaines de la

Ville. A l'Hôtel-de-Ville on paye le vendredi & famedi.

Bureaux des Rentes de la Ville fur les Aides & Gabelles : il y a 70 Payeurs qui ont chacun un jour par femaine.

Bureaux des Rentes fur le Clergé, rue Neuve-des-petits-champs : les anciennes Rentes fe payent à la Ville.

Bureaux des Rentes fur les États de Bretagne, rue de la Grange-Batelière.

Bureau des Rentes fur la Volaille, au Bureau de la Vallée, rue des Grands-Auguftins, le mercredi & famedi.

Bureaux des Rentes fur la Compagnie des Indes, à l'hôtel de même nom, rue Neuve-des-petits-champs, le lundi, jeudi, famedi : les coupons d'actions & autres effets, tous les jours, fuivant les numeros.

Bureau des Économats, rue des Foffés-Montmartre.

Bureau des Parties Cafuelles, rue de la Juffienne.

Bureau-Général des fix Corps des Marchands, rue des Déchargeurs.

Bureau pour l'indication de toutes fortes d'adreffes, à l'Hôtel-d'Aligre, rue S. Honoré.

Bureau des Infinuations, rue de la Croix-des-petits-champs.

Bureau du Contrôle des Exploits, rue de la Sonnerie, près le Grand-Châtelet.

Bureaux de papier & parchemin timbrés, rue des Lavandières, rue du Harlai, rue Dauphine, rue S. Honoré, vis-à-vis l'Oratoire , rue de la Chanvrerie , quai - Pelletier , rue Cloche-pèche & rue de Bretonvilliers.

Bureau de la sûreté , pour faire sans frais la déclaration de ce qui a été volé , rue de la Sourdière , rue des Cordeliers , rue de la Poterie , près de la Grève ; & le Bureau-Général , rue S. Honoré , près la rue Tirechape.

Bureau des Domestiques , nommé Bureau-de-confiance , rue S. Germain de l'Auxerrois, près le grenier - à - sel : les Domestiques y donnent 12 sous & les Maîtres 30.

Bureaux des Nourrices. L'on en trouve plusieurs aux environs des rues Planche-Mibrai & de la Coutellerie. Ces Bureaux sont sous les ordres du Lieutenant de Police : il y a tous les jours & à toutes les heures des Nourrices de campagne , qui ne sont reçues que sur les certificats autentiques des Curés , ou des Officiers de Justice des Paroisses dont elles sont.

VOITURES PUBLIQUES.

POSTE-AUX-CHEVAUX , rue des Fossés - S. Germain de l'Auxerrois. On paye par poste 1 liv. 5 f. par cheval , & 5 f. de guide.

AU GRAND-CERF, rue S. Denis.

ABBEVILLE , place 15 liv. port , par liv. 6 den.

Amiens , 12 liv. p. 1 f. Beauvais , 9 liv. Bruxelle , diligence nourri 70 liv. non nourri 63 l. p. 4 f. 6 d.

Calais 30 liv. p. 3 f.

Cambrai, diligence de Lille, nourri 45 liv. p. 2 f. 6 d.

Maubeuge 25 l. p. 3 f.

Mondidier 6 liv. 10 f. p. 1 f.

Mons 63 l. p. 3 f. 6 d.

S. Quentin 15 l. p. 1 f. 6 d.

Senlis 3 l. 5 f. p. 6 d.

Valenciennes, par la diligence de Lille, nourri, 55 liv. non nourri 48 l.

Coutance 31 l. p. 2 f. 6 d.

Arras, en quatre jours, 22 liv.

Aire, en cinq jours, 26 liv.

Béthune 25 l. p. 3 f.

S. Omer, en six jours, 28 liv.

Dunkerque, seulement jusqu'à Saint-Omer, 28 liv.

Péronne, par Arras, 15 l. p. 1 f. 6 d.; par la diligence, nourri, 33 liv.

Caën 21 l. p. 1 f. 6 d.

Gournai 8 l. p. 1 f.

Lille, diligence, nourri, 45 l. p. 2 l. 6 d.

Royc, par Arras, 10 l. p. 1 f. 3 den.; par la diligence 26 l. p. 1 f. 6 den.

Verberie 5 l. p. 6 d.

RUE D'ENFER, porte-S. Michel.

ANGERS 30 l. p. 3 f.

Aurillac 110 l. p. 5 f.

Bellême, à cheval, nourri, 15 l. p. 1 f. 6 den.

Cahors, à cheval, nourri, 110 liv.

Le Mans, par le carosse, 20 l. p. 2 f.

Limoges, à cheval, nourri, 90 liv.; en charette, nourri, 70 l.

Nantes 30 l. p. 4 f.

Toulouse, à cheval, nourri, 120 liv.; en chaise, nourri, 180 l. en charette, 90 liv.

Perpignan, & les autres villes du Roussillon : l'on ne trouve

que les voitures pré-
cédentes , qui vous
laissent à Toulouse ,
où l'on en trouve

d'autres. Il y a dans
ce Bureau des litières
pour tout le Royau-
me.

RUE CONTRESCARPE.

ANGOULEME , à
cheval & nourri, 78 l.
Bayonne 102 liv.
Blaye , Messagerie , à
cheval, nourri, 102 l.
Bordeaux , par le ca-
rosse , non nourri ,
72 liv.
Bourges 20 liv.
Chartres 9 l. 12 f.
Château - Roux , en
chaise, nourri, 55 l.
non nourri 32 liv.
p. 2 f.
Estampes 6 liv.
Fontenai - le - Comte ,
nourri , 75 liv.
Luçon, Messagerie : on
ne prend que jusqu'à

Fontenai-le-Comte.
Issoudun, carosse, 20 l.
La Rochelle , carosse ,
60 liv. ; Messagerie ,
nourri, 78 liv.
Nior, fourgon, 52 l.
Orléans 15 liv.
Périgueux 54 liv.
Pithiviers 8 liv.
Romorentin jusqu'à
Orléans , 15 liv.
Saumur , Messagerie ,
nourri , 33 liv.
Tours 25 liv.
Amboise 25 liv.
Vendôme 15 liv.
Saintes 60 liv.
Saint - Jean - d'Angeli ,
60 liv.

RUE FAUBOURG-S. JACQUES,
près la rue S. Dominique.

ARPAJON, en cha-
rette, 1 l. 5 f.

Dourdan, Messagerie,
2 l. 10 f.

RUE DES FOSSÉS-S. GERMAIN,
à l'Hôtel-de-Lisieux.

AVRANCHE, Mont-fort-l'Amauri, 5 l. Vire & autres lieux de la Basse Normandie. Vire, Messagerie, nourri, 30 l. p. 3 f.

RUE MONTORGUEIL, au Compas.

CHANTILLI, cariole, 2 l. 10 f.
Marlou, même cariole, 2 l. 10 f.
Gisors 6 l. 10 f.
Forges 15 l.
Au coin de la rue du Bout-du-monde, Pontoise 3 liv.

QUAI-DES-CÉLESTINS,
au Bureau de la Diligence de Lyon.

CETTE Diligence part de deux jours en deux jours : nourri 100 l. p. 6 d. Elle arrive en 5 jours l'Été, & 6 l'Hiver. Il y a un carosse qui part deux fois la semaine, & va en 10 jours l'Été, & 11 ou 12 l'Hiver : place 50 liv. p. 5 f. On y trouve les carosses de Bellegarde en Gatinois.

Besançon 42 l. p. 4 f.

Chalons - sur - Saone, carosse, 4 l. diligence, nourri, 90 l.

Tonnerre 15 l. p. 1 f.

QUAI-DES-CÉLESTINS,
au Bureau d'Auvergne.

CLERMONT - en - Auvergne 48 l. p. 5 f.
Dijon 30 l. p. 3 f.
Fontainebleau 4 l. on part le jeudi.
Montargis 6 l.
Moulins-en-Bourbonnois 36 l. p. 3 f.

RUE

RUE DE BRAQUE.

Toutes les Voitures du Languedoc.

CHAUMONT-EN-BASSIGNI 22 l. 10 f. p. 2 f. p. 6 d.

Brie-Comte-Robert 2 l. 10 f. 6 d.

Provins 8 l. p. 9 d.

Nogent-fur-Seine 10 l. par la berline de Troie 14 liv.

Rofoi-en-Brie 5 l. 2 f. p. 9 d.

Troie-en-Champagne 15 l. 2 f. p. 6 d. par la berline 20 l.

Langres 25 l. p. 3 f.

Nangis 6 liv.

Bourbonne 28 liv.

RUE ET VIS-A-VIS LES MURS SAINT-MARTIN.

CHARLEVILLE, caroffe, 20 l. ; coche 12 liv.

Dinan, Namur & Cologne : il n'y a de voiture que jufqu'à Sedan, caroffe, 22 l. coche 12 l.

Marienbourg & autres villes. Marienbourg jufqu'à Charleville feulement.

Sedan 22 liv. p. 2 f. ; coche 12 liv. p. 2 f.

Montmedi jufqu'à Se-dan feulement. Laon & autres lieux de la Thiérache.

Laon 11 l. p. 1 f. 6 d. ; coche 7 l.

Mezières & autres villes fur-la-Meufe.

Mezières, caroffe, 20 l. coche, 12 l.

Reims, diligence, non nourri, 20 l.

Soiffons. 8 l. ; coche 5 liv.

Crépi-en-Valois 6 liv. Il part le famedi.

RUE S. MARTIN, près S. Julien, à la Croix-de-fer. Dammartin, charette, 1 l. 10 f.

RUE S. PAUL. Melun, Meſſagerie, 2 liv. 10 ſ. p. 30 ſ. par cent.

RUE DU JOUR, près S. Euſtache.

AUMALE 15 liv.
Eu 12 liv.
Laferté-Vidame 7 liv.
Mortagne, Meſſagerie, 7 liv.

Vernon 4 liv.
Louvier 5 liv.
Elbeuf, Roulier, 5 L pour cent : dans peu il y aura un chariot.

PLACE-MAUBERT, à la Limace. Laferté-Alais, charette-couverte, 2 liv.

RUE BOURTIBOURG. Lagni, caroſſe, 2 l. 10 ſ.

RUE PAVÉE, près les Grands-Auguſtins.

LAVAL, caroſſe, 31 l. p. 3 ſ. ; Meſſagerie, à cheval, 30 l. p. 2 ſ. 6 d.
Rennes 40 l. Meſſagerie, à cheval, nour-

ri, 29 l.
S. Malo 23 liv. 15 ſ. p. 3 ſ. 6 d.
Rouen 12 l. p. 6 d. & autres villes de la Haute-Normandie.

RUE BOURG-L'ABBÉ, au Dauphin. Magni, cariole, 4 liv. p. 3 liv. 10 ſ. le cent. La Fère-en-Tartenois 6 liv. p. 1 ſ.

RUE S. HONORÉ, vis-à-vis le Cul-de-ſac de l'Orangerie.

POISSI, coche, 30 ſ. ; chaiſe 4 liv. 10 ſ.

S. Germain-en-Laie, coche à 16 perſonnes, qui part deux

fois le jour, à 8 heu-
res du matin & 2
l'après-midi, 1 liv.
5 f.; chaifes 3 l. 5 f.

Elles partent à toute
heure.
Meulans 12 liv.
Mantes 5 l. p. 9 d.

QUAI-D'ORSAI, près le Pont-Royal : Caroffes de la Cour.

VERSAILLES, co-
che à 16 perfonnes,
qui part deux fois le
jour, à 8 heures du
matin & 2 l'après-
midi, 1 l. 5 f.; chai-
fes ou caroiffes 3 l.
5 f. Ils partent à tou-
te heure.
Fontainebleau 9 liv.
10 f.
Compiègne 13 l. 10 f.

RUE S. ANTOINE, vis-à-vis la rue des Ballets.

Il y a un caroffe pour Vincennes,
qui va & revient tous les jours : par place
15 f. l'Été & 20 l'Hiver.

QUAI-DES-CÉLESTINS.
Bureau des Coches par eau.

AUXERRE, en mon-
tant, 6 l. en defcen-
dant 5 l. 10 f.
Briare, en montant,
7 liv. en defcendant
6 liv.
Melun, en montant,
2 l. 2 f. 6 d. en def-
cendant 1 l. 7 f. 6 d.
Montargis, en mon-
tant, 5 l. en defcen-
dant 4 l. 10 f.

Montereau, en mon-
tant, 3 l. 9 f. en def-
cendant 2 l. 15 f.
Nemours, en montant,
3 l. 10 f. en defcen-
dant 2 l. 15 f.
Nogent, en montant,
5 l. 16 f. en defcen-
dant 4 l. 16 f p. 6 d.
Sens, en montant,
5 l. 3 f. en defcen-
dant 5 l. p. 6 d.

QUAI-HORS-TOURNELLE,
près la Barrière.

Bureau des Coches par eau.

FONTAINEBLEAU, lorsque la Cour y fait son séjour, en montant, 2 l. 10 s. en descendant 2 l. p. 2 l. par cent. Il y en a 2 tous les jours, un qui monte & l'autre qui descend à Villeneuve- S. George, en montant, 17 s. en descendant 14 s. Corbeil, en montant, 1 liv. 1 s. en descen- 16 s. 6 d.

PONT-ROYAL, près les Tuilleries.

GALIOTES de Sève & de S. Cloud, qui partent, depuis Pâques jusqu'à la Saint-Martin, chacune à 7 heures du matin & à 5 heures du soir : l'une de Paris & l'autre de Saint-Cloud, place 5 s.

PORTE-DE-LA-CONFÉRENCE. Coche d'eau pour Compiegne, lorsque la Cour y fait son séjour ; place 6 l. p. 6 d.

POMPES PUBLIQUES,
EN CAS D'INCENDIE.

Rue Guenegaud,	2	Cour de l'Abbaye-S. Germain,	1
R. de Buffi,	2	R. du Four,	2
R. Mazarine,	2	R. du Cœur-volant,	1
R. des Mauvais-Garçons,	1	R. du Bon-Puits,	1

R. des Lavandières,   1
R. Montagne-Sainte-
   Geneviève ,   1
R. Galande ,   2
R. de la Huchette ,   1
R. de l'Hirondelle ,   1
R. Dauphine ,   1
R. S. André-des-Arcs,
   vis-à-vis l'Eglise , 1
R. des Trois - Chan-
   deliers ,   1
R. du Bouloi ,   1
R. d'Argenteuil ,   3
R. des Moineaux ,   1
R. de la Magdelene-
   S. Honoré ,   2
R. de la Lingerie ,   1
R. S. Joseph ,   1
R. de Cléri ,   1
R. des Prouvaires ,   1
R. Pierre-au-Lard ,   1

R. du Puits, à la Hal-
   le ,   1
R. de la Croix-blan-
   che ,   1
R. Ste-Avoie ,   1
R. de la Verrerie ,   1
R. Maubué,   1
R. Beaubourg ,   2
R. du Grand - Hur-
   leur ,   1
R. Marivaux ,   1
R. des Gravilliers ,   1
R. des Ballets ,   1
R. des Écouffes ,   2
Place-Maubert ,   1
R. Saint - Antoine ,
   près celle de S.
   Paul ,   1
R. Royale ,   2
A la Compagnie des
   Indes ,   1

F O I R E S.

FOIRE - SAINT - LAURENT. Cette foire a 300 pas sur 210 , faub. S. Laurent. Elle commence le 18 Juin , & dure six semaines : ce n'est aujourd'hui que fort peu de chose.

Foire-S. Germain , entre S. Sulpice & le Marché de l'Abbaye. Cette foire , qui est franche les 8 premiers jours, commence le 3 Février, & finit le dernier jour de la semaine de la Passion. Elle fut incendiée & détruite au mois de Mars 1762 : l'on y a bâti des loges assez régulières, en attendant son rétablissement.

Foire S. Ovide. Cette foire se tient dans la place de Louis-le-Grand : elle commence le 31 Août, & dure 15 ou 18 jours. Elle forme un coup d'œil agréable, sur-tout aux lumières, par des boutiques de la même symmétrie dans toute la place, lesquelles sont enlevées la foire finie : on y voit toutes sortes de baladins qui attirent le peuple par des parades.

Foire du Parvis ou *aux Jambons.* Cette foire se tient le mardi de la Semaine-Sainte dans la rue & place de Notre - Dame : on y vend toutes sortes de chair salée & fumée.

Foire du Temple. Cette foire se tient le jour de S. Simon & S. Jude, & le lendemain dans les cours du Temple & aux environs : on y vend toutes sortes de marchandises, & sur-tout beaucoup de manchons.

Foire S. Victor, ou *de S. Clair.* Cette foire commence le 18 Juillet : elle dure neuf jours.

Foire du Petit-Bezons. Elle se tient le premier Dimanche après le 30 d'Août dans les allées des Champs-Elisées.

PRISONS.

La BASTILLE.
Vincennes.
La Conciergerie , au Palais.
Le Fort-l'Evêque , rue Saint - Germain de l'Auxerrois.
Le Grand-Châtelet.
Le Petit-Châtelet.
Saint-Eloi , rue Saint-Paul.
S. Martin.
L'Abbaye.
Bicêtre
La Maison-de-force de l'Hôpital-Général.
La Maison-de-force de Ste-Pélagie.

PLACES DE FIACRES.

Rue MAZARINE, près la Comédie.
Rue de la Corderie , près le Temple.
Rue des Quatre-Fils , près l'Hôtel-de-Soubise.
Rue de la Feuillade , Place-des-Victoires.
Quai-des-Augustins.
Porte-Saint-Michel.
Rue de Grenelle , à la Croix-Rouge.
Rue S. Benoît , près l'Abbaye.
Rue S. Antoine , près les Jésuites.
Place-de-Grève.
Place du Parvis-Notre-Dame.
Place du Palais-Royal.
Rue S. Honoré , près les Capucins.
A l'entrée du faub. S. Antoine.
Rue de Richelieu , près la Bibliothèque du Roi.

Rue de l'Arbre-sec, & des Fossés - S. Germain-
   de-l'Auxerrois.
Rue du faub. S. Honoré.
Place du Marché-aux-veaux , près le Pont-Marie.
Rue S. Denis, près S. Sauveur.
Rue de la Ferronerie , près la rue S. Denis.
Rue du Bacq & de l'Université.
Place-Maubert.

PLACES DES CHAISES A PORTEURS
ET BROUETTES.

PLACE-DES-BAR-
   NABITES.
Pont-Marie.
Rue de Venise.
Place du Palais-Royal.
Croix-du-Trahoir.
Barrière - des - Sergens-
   S. Honoré.
Rue de l'Échelle.
Rue de Richelieu.

Rue Montmartre.
Rue des Bons-Enfans.
Rue des Petits-champs.
Portail-S. Eustache.
Place-Ste-Opportune.
Rue des Gravilliers.
Rue Michel-le-Comte.
Place-Beaudoyer.
Rue du Temple , près
   la rue Porte-foin.

LIEUX PRIVILÉGIÉS.

Le faub. S. Antoine.
Le Temple.
L'Abbaye - Saint - Ger-
   main.

L'Enclos du Prieuré-
   S. Martin.
Les Qainze-Vingts.
S. Jean-de-Latran.

JURISDICTIONS.

LE PARLEMENT DE PARIS, qui s'étend à plus d'un tiers du Royaume, suivoit nos Rois dans leurs voyages, & fut ambulaire jusqu'en 1302, que Philippe-le-Bel le rendit sédentaire dans son Palais. Il est composé de la Grand'-Chambre, de trois Chambres des Enquêtes, de deux Chambres des Requêtes : les Gens-du-Roi servent à toutes les Chambres du Parlement.

La Grand'-Chambre est composée d'un Premier Président, qui l'est de tout le Parlement ; de 9 Présidens-à-Mortier, sans les honoraires ; de 2 Conseillers d'honneur-nés ; de 6 autres Conseillers d'honneur, & de 37 Conseillers. Les Présidens honoraires des Enquêtes & Requêtes, ont le droit de séance à la Grande-Chambre : les Gens-du-Roi sont les trois Avocats-Généraux, le Procureur du Roi & ses 17 Substituts. De plus, il y a 17 Greffiers, 4 Notaires, 3 Receveurs, 3 Commissaires, 5 Trésoriers, & 27 Huissiers.

La première Chambre des Enquêtes a 2 Présidents, 31 Conseillers, & un Greffier.

La seconde Chambre des Enquêtes a 2 Présidents, 31 Conseillers, & un Greffier.

La troisième Chambre des Enquêtes a 2 présidents, 31 Conseillers, & un Greffier.

La première Chambre des Requêtes a 2 Présidents & 13 Conseillers.

La seconde Chambre des Requêtes a 2 Préfidents, 13 Confeillers, & 11 Huiffiers pour les deux Chambres.

La Chambre de la Marée a un Préfident, deux Confeillers, un Procureur-Général, cinq Greffiers, un Procureur des vendeurs de marée, un Huiffier-garde, & un Notaire.

Le Bailliage du Palais a un Bailli-d'Épée, un Lieutenant-Général, un Procureur du Roi, un Greffier, un premier Huiffier, deux Huiffiers-Auditeurs, & un Juré-Expert des bâtimens.

Les Avocats, au nombre de 518, plaident à toutes les Chambres, au Grand-Confeil, & autres Jurifdictions : les Procureurs pour tout le Parlement font au nombre de 405.

De la Chambre-des-Comptes.

CETTE Jurifdiction très-ancienne a fon hôtel particulier dans la cour du Palais : elle fait fon fervice par femeftre. L'un commence le premier Janvier & l'autre le premier Juin : fon Premier-Préfident fait les deux femeftres. Elle a 12 Préfidens, fans les honoraires ; 78 Confeillers-Maîtres, fans les honoraires ; 38 Confeillers-Correcteurs, 82 Confeillers-Auditeurs, 29 Procureurs, & 30 Huiffiers.

De la Cour-des-Aides, compofée de trois Chambres.

LA PREMIERE a 4 Préfidens & 18 Confeillers, fans les honoraires.

La feconde a 3 Préfidents & 15 Confeillers.

La troifiéme a 3 Préfidents & 15 Confeillers.

Les Gens-du-Roi servant les trois Chambres, sont trois Avocats-Généraux, un Procureur-Général & ses cinq Substituts : de plus, il y a huit Greffiers, cinq Secrétaires du Roi, trois Contrôleurs, un Trésorier & plusieurs Commis.

Le Grand-Conseil tient ses Audiances au Louvre.

CETTE Jurisdiction comprend toute l'étendue du Royaume. Le Chancelier de France est le seul Chef & Président-né de cette Compagnie qui sert par semestre : l'un commence le premier Octobre & l'autre le premier Avril. le Président commis par le Roi, fait les deux semestres : chaque semestre a huit Présidens qui le sont par commission, & qui sont pris dans les 10 Maîtres des Requêtes : les Conseillers sont au nombre de 48 pour les deux semestres, sans les honoraires : les Gens-du-Roi sont un Avocat-Général, un Procureur-Général & ses 12 Substituts. De plus, il y a un Greffier en chef, trois Greffiers, deux premiers Huissiers, un Trésorier, deux Contrôleurs, 21 Procureurs & 19 Huissiers.

De la Cour des Monnoies.

LA COUR DES MONNOIES, où l'on sert par semestres, a neuf Présidens, deux Chevaliers d'honneur, & 36 Conseillers, sans les honoraires : les Gens-du-Roi sont deux Avocats-Généraux, un Procureur-Général & ses 2 Substituts : de plus, il y a un Greffier en chef, un premier Huissier, un Trésorier, trois Contrôleurs,

15 Huissiers & plusieurs Commis. Les Officiers de la Monnoie sont au nombre de 12, sans y comprendre ceux de la Prévôté-Générale des Monnoies & Maréchaussée près de la Cour.

Prévôté & Vicomté de Paris, ou la Justice subalterne du Parlement.

LA PRÉVÔTÉ & Vicomté de Paris, connue sous le nom du Châtelet, renferme plusieurs Siéges de Justice, qui sont le Criminel, le Parc Civil, le Présidial, & la Chambre du Conseil. Les Chefs de cette Jurisdiction sont le Prévôt de Paris, le Lieutenant-Civil, celui de Police, le Lieutenant-Criminel & le Lieutenant-Particulier. Les Conseillers, divisés en quatre colonnes, sont au nombre de 48 : il y a quatre Avocats du Roi, un Procureur du Roi & ses huit Substituts ; 49 Commissaires de Police, 113 Notaires & 24 véterans, 225 Procureurs, 220 Huissiers-Priseurs, 380 Huissiers à cheval, & 240 Huissiers-à-verges.

Après ces principaux Tribunaux, il y a :

La Jurisdiction de la Chancellerie, composée du Chancelier, des Conseillers d'État, & des Maîtres des Requêtes.
La Jurisdiction de l'Hôtel-de-Ville.
La Jur. du Grenier-à-sel.
La Jur. des Juges-Consuls.
La Jur. de la Connétablie & Maréchaussée.
La Jur. des Eaux & Forêts.
L. Jur. de l'Amirauté.

La Jur.

La Jur. de la Bazoche.

La Jur. de la Chancellerie du Palais.

La Jur. du Bureau des Finances & Chambre du Domaine.

La Jur. des Commissaires des guerres.

La Jur. des Maréchaux de France.

La Jur. de l'Élection de Paris.

La Jur. de la Maçonnerie.

La Jur. du Bailliage & Capitainerie Royale de la Varenne du Louvre, Grande Venerie & Fauconerie de France.

La Jur. du Bailliage & Capitainerie Royale des chasses de la Varenne des Tuilleries.

La Jur. de la Capitainerie Royale des chasses de Vincenne.

La Jur. du Bailliage du Temple.

La Jur. du Bailliage de S. Jean-de-Latran.

La Jur. du Bailliage de l'Abbaye – S. Germain-des-prés.

La Jur. du Bailliage de S. Martin-des-champs.

La Jur. du Bailliage de Ste-Geneviève.

Autres Jurisdictions qui ont des Troupes.

L'ARTILLERIE de France.

La Prévôté générale de la Connétablie, Gendarmerie & Maréchaussée de France.

La Compagnie du Lieutenant - Criminel de Robe-courte du Châtelet de Paris.

La Prévôté & Maréchaussée générale de l'Ile de France.

La Prévôté générale des Monnoies & Maréchaussée de France.

La Prévôté générale de Paris.

Le Guet de Paris.

O

NOUVELLES POSTES
INTÉRIEURES
DE PARIS.

Timbres & résidence des Bureaux.

A PLACE - DU - CHEVALIER - DU - GUET ?
 Bureau général.

B Rue & Cloître-Culture-Sainte-Catherine.

C Rue S. Martin, vis-à-vis la rue Grenier-Saint-
 Lazare.

D Rue Neuve-des-petits-champs, vis-à-vis les
 écuries de M. le Duc d'Orléans.

E Rue S. Honoré, au coin de la rue du Luxembourg.

F Rue du Bacq, au coin de la rue de l'Université.

G Rue des Quatre-Vents, près S. Sulpice.

H A l'Estrapade, à l'entrée de la rue des postes.

I Rue Neuve-S. Étienne, à la Ville-neuve.

X Tout le Département de la Banlieue.

L Pour la partie trop éloignée du faub. Saint-
 Antoine, vis-à-vis l'Abbaye.

BOITES des Lettres qui dépendent de la grand'-Poste, où elles font levées trois fois par jour, à huit heures du matin, à midi & à fept heures du foir.

BARRIERE-MONTMARTRE.

Faub. S. Honoré, vis-à-vis l'Hôtel-d'Évreux.

A la Porte-Saint-Honoré.

Rue S. Honoré, vis-à-vis la rue de Luxembourg.

Rue des Petits champs, vis-à-vis la rue Gaillon.

Rue des Foffés-Saint-Germain, vis-à-vis l'ancienne Pofte.

Rue de Bourgogne, près la Barrière - S. Dominique.

Rue du Bacq, près la rue de Grenelle.

Rue du Bacq, près les Moufquetaires-Gris.

Rue S. Honoré, près les Quinze Vingts.

Rue faub. S. Jacques, près S. Magloire.

Rue Saint-Jacques, au coin de la rue des Cordiers.

Place-Saint-Michel.

Rue de Tournon.

Rue Mouffetard.

Place-Maubert.

Rue S. Severin, près la rue de la Harpe.

Place du Palais, Cour-du-Mai.

Rue S. Victor, vis-à-vis celle des Foffés-Saint-Bernard.

Rue des Deux-Ponts, Ile-Saint-Louis.

A la Grève, au coin de la rue de la Verrerie.

A la porte du Grand-Châtelet, quai de la Mégifferie.

Cloître-Sainte-Opportune.

Faub. S. Antoine , vis-à-vis les Enfans-trouvés,
Faubourg - Saint - Antoine , vis-à-vis les Mouſ-
    quetaires.
Place de la Baſtille.
Rue S. Antoine , au coin de la rue Tiron.
Rue des Blancs-Manteaux.
Rue aux-Ours.
Rue Saint-Louis , au Marais , au coin de celle
    de S. François.
Rue & vis-à-vis le Temple.
Faub. S. Martin , entre la porte & la grille.
Rue des Petits-Carreaux.
Rue de Sève , au coin de celle des Brodeurs.
Carrefour de la Croix-Rouge.
Rue de Buſſi , au coin de celle de Bourbon.
Près le paſſage des Quatre-Nations , vers la rue
    de Seine.

CABINETS d'Hiſtoire-Naturelle.

MADAME la Préſidente de Bandeville , quai-
    des-Théatins.
M. Romare-de-Valmont , Vieille-rue du Temp.
Sainte-Geneviève.
Aux-Petits-Pères de la Place-des-Victoires.
M. l'Abbé Aubry , Curé de S. Louis , dans l'Ile.
M. Duhamel-du-Monceau , Ile - Saint - Louis :
    ſon Cabinet de marine eſt au Louvre.
Madame de Bois-Jourdain , rue S. Marc.
M. d'Avila , rue des Petits-champs.
M. le Duc de Chaulnes , rue d'Enfer - Luxem-
    bourg.

M. le Duc d'Orléans , au Palais-Royal.

M. le Duc de Sully , place de Louis-le-Grand.

M. le Baron d'Olbac.

M. le Marquis de Courtanvaux, r. de Richelieu.

M. le Chevalier Menabuoni.

M. d'Azencourt , rue N. Dame de Nazaret.

M. de Juffieu , rue des Barnabites.

M. Lavalette-de-Buchelay , rue S. Honoré , près
les Feuillans.

M. l'Abbé Goubour , Ifle-Saint-Louis.

M. Turgot , rue Porte-foin.

Au Jardin-du-Roi : il eft public le Mardi &
le Jeudi.

COLLECTIONS DES TABLEAUX.

Monsieur le Duc d'Orléans , au Palais-
Royal.

M. le Duc de Chevreufe , rue S. Dominique.

M. de la Live , rue Neuve-du-Luxembourg.

M. le Duc de S. Aignan , quai-Malaquais.

M. le Marquis de Choifeuil.

M. le Baron de Thiers , place-de-Vendôme.

M. le Marquis de Voyer , rue des Bons-Enfans.

M. le Comte de Salvert , rue Françaife.

M. le Chevalier du Menabuoni.

M. Watelet , rue Charlot.

M. Blondel-de-Gagny , place-de-Vendôme.

M. Collet , rue Saint - Antoine , à côté des
Jéfuites.

COLLÉGES.

Colléges de plein & entier exercice.

COLLÉGE D'HARCOURT, 110 pas sur 80, rue de la Harpe, fondé en 1280 par Raoul d'Harcourt : la Chapelle est dédiée à la Vierge. Il a d'habiles Professeurs & quantité de pensionnaires.

Collége de Beauvais, fondé en 1370, 200 pas sur 110, rue S. Jean-de-Beauvais ; aujourd'hui transféré dans celui des Jésuites, rue S. Jacques.

Collége du Cardinal le Moine., rue S. Victor, fondé en 1303 par Jean le Moine, Cardinal : la Chapelle, dédiée à S. Remi, est Paroisse.

Collége des Grassins, 100 sur 100, rue des Amandiers, fondé en 1569 par Pierre-Grassin, Conseiller au Parlement de Paris : les Bourses de ce Collége, selon l'intention du Fondateur, doivent être données à la ville de Sens.

Collége de Lisieux, de 120 pas sur 105, rue S. Jacques, à côté de celui de Louis-le-Grand, auquel son bâtiment est annexé depuis que les Messieurs de S. Jean-de-Beauvais y ont été transférés, & qu'au même tems ceux de Lisieux ont pris possession de S. Jean-de-Beauvais. *Lisieux* avoit été fondé en 1414 par

Guillaume d'Étouteville, Evêque de Lisieux ; & par son frère d'Étouteville, Abbé de Fescamps.

Collége de la Marche, 200 pas en triangle, rue & Montagne - Sainte - Geneviève, fondé en 1362 par Guillaume de la Marche, Chanoine de Toul. Il fut considérablement augmenté en 1423 par Benve de Vinville : les 14 Bourses sont à la collation de l'Archevêque de Paris, qui en est proviseur.

Collége de Montaigu, 120 pas sur 25, rue des Sept-voies, fondé en 1314 par Gilles Ancelin de Montaigu, Archevêque de Rouen.

Collége de Mazarin, ou *des Quatre Nations*, 115 pas de face : sur le derrière de la rue Mazarine il y a un bâtiment de 100 pas sur 25, quai-de-Conti. Ce Collége est nommé des Quatre - Nations, parce qu'il a été fondé en 1661 par le Cardinal Mazarin, pour l'entretien & l'éducation de 60 jeunes Gentilshommes des Pays conquis : sçavoir, 15 des environs de Pignerols, 20 des Pays-Bas, 15 d'Alsace & 10 du Roussillon : l'on y compte environ 800 Étudians. La face de cet édifice est magnifique, la maison vaste, les classes & les logemens bien construits. L'on voit dans la Chapelle, qui est très-belle, le tombeau en marbre du Cardinal, représenté à genoux accompagné des Vertus.

Collége du Plessis, 115 pas sur 50, rue S. Jacques, fondé en 1322 par Geoffroi du Plessis, Notaire Apostolique, & Secrétaire

de Philippe-le-Long : le Cardinal de Richelieu, qui s'étoit déclaré protecteur de ce Collége, a laissé des fonds pour le rebâtir comme on le voit aujourd'hui.

Collége de Navarre, 200 pas presque en
triangle, rue & Montagne-Ste-Geneviève,
fondé en 1304 par Philippe-le-Bel & la Reine
Jeanne de Navarre, sa femme : le Roi en est
le premier boursier ; & le revenu de sa bourse
est employé à l'achat des verges pour la dis-
cipline scolastique. Le Collége de Boncour a
été uni à celui de Navarre en 1639.

Collèges où il n'y a pas plain exercice.

COLLEGE ROYAL de France, place de
Cambrai. Il fut fondé par François I, & on y
compte 19 Chaires de fondation Royale, 12
ayant été établies par François I, les autres
par Charles IX, Henri III, Henri IV,
Louis XIII & Louis XIV. Il y en a deux pour
l'Hébreu, une pour le Syriaque, deux pour
l'Arabe, deux pour le Grec, deux pour la
Philosophie, deux pour les Mathématiques,
deux pour l'Eloquence, deux pour le Droit
Canon, une pour la Medécine, une pour la
Chirurgie, une pour la Botanique, & une
pour la Pharmacie.

Collège de Cambrai, place de Cambrai. Il
fut fondé en 1349 par les Evêques de Langres, de Laon & de Cambrai ; mais il prit
le nom de ce dernier, parce qu'il donna sa
maison pour en faire le Collége.

Collége de Reims, 100 pas fur 60, rue des Sept-voies. Il fut fondé en 1412 par les héritiers de Gui de Roye, Archevêque de Reims, qui l'avoit ordonné.

Collége de Sainte-Barbe, 115 pas fur 25, rue de Reims. Il fut fondé par Robert de Guff, Docteur-Régent de Droit à Paris : les Bourfes de ce Collége ont été confervées.

Collége de Sorbonne, 210 pas fur 10, quartier S. André. Cette maifon, d'où il eft forti un grand nombre de Théologiens qui l'ont rendue célébre, fut fondée en 1252 par Robert Sorbon, natif du village de Sorbonne, près de Sens, Confeffeur du Roi S. Louis, qui l'aida de fes bienfaits : ce n'étoit au tems du Cardinal de Richelieu qu'un pauvre Collége qui tomboit en ruine, quoiqu'il fût en grande réputation ; ce Miniftre en voulut être le reftaurateur. Il lui fit faire un bâtiment & une Eglife digne des Études facrées & de la Capitale du Royaume : les logemens y font fpacieux. L'on admire fur-tout l'architecture du portail de l'Eglife, fait dans le goût du Périftile du Panthéon. L'Eglife renferme des chefs-d'œuvres de peinture & de fculpture : on voit au milieu du Chœur le tombeau du Cardinal fait par Girardon. Il y eft repréfenté à demi couché, foutenu par la Religion, ayant à fes pieds la Science affligée, deux Anges portant fes armes ornées du Chapeau de Cardinal & du Cordon de l'Ordre du S. Efprit.

COLLÉGE DE LOUIS-LE-GRAND, ci-devant des Jésuites, rue S. Jacques.

CE COLLÉGE comprend aujourd'hui tous les Boursiers des Collèges où il n'y avoit pas plein exercice. On leur a joint les Boursiers du Collége de Beauvais, parce que ce Collége a été transféré en entier au Collége de Louis-le-Grand, dont les seuls Professeurs sont aujourd'hui ceux de Beauvais. On y a réservé des salles destinées aux assemblées de la Faculté des Arts. On y a donné des logemens pour tous les Officiers de l'Université & pour les Émérites. Les Archives de l'Université doivent être déposées dans ce Collége.

COLLÉGES nouvellement réformés.

COLLÉGE D'AUTUN, 200 pas sur 150, rue S. André-des-Arcs, fondé en 1337 par le Cardinal Bertrand, Evêque d'Autun. Ce Collége, qui avoit 15 Bourses, est occupé par une des Ecoles gratuites que l'on établit pour le dessein.

Collége d'Ainville, vis-à-vis S. Côme, fondé en 1380 : la maison est louée à des particuliers.

Collége des Bons-Enfans, rue S. Victor, fondé en 1248 : sa maison est aujourd'hui occupée par le Seminaire de S. Firmin.

Collége de Boissi, rue du Cimetière Saint-

André , fondé en 1308 par Guillaume Bonnet , Evêque de Bayeux : la maison est louée à des particuliers.

Collége de Cholet , 95 pas sur 15 , rue Cholet , fondé en 1289 par Jean Cholet , Cardinal-Legat en France : la maison est louée à des particuliers.

Collége de Fortet , rue des Sept-voies , fondé en 1391 par Pierre Fortet , Chanoine de N. Dame , & rebâti en 1560 : la maison est louée à des particuliers.

Collége de Laon , 100 pas sur 60, rue & Montagne-Sainte-Geneviève, fondé en 1314 par Gui de Laon , Trésorier de la Chapelle du Roi , & Chanoine de Laon : la maison est aujourd'hui occupée par la Communauté des Prêtres de Lisieux.

Collége de Narbonne , rue de la Harpe , fondé en 1317 par Benoît de Fargis , Archevêque de Narbonne : la maison est louée à des particuliers.

Collége de Presle , rue des Carmes , fondé en 1313 par Raoul de Presle , Confesseur du Roi Charles V : la maison est louée à des particuliers.

Collége de Bourgogne , rue des Cordeliers , fondé en 1331 : la maison est louée à des particuliers.

Collége des Trésoriers , près la Sorbonne , fondé en 1268 : la maison est louée à des particuliers.

Collége de l'Ave-Maria , près S. Etienne-du-Mont , fondé en 1339 : la maison est louée à des particuliers.

Collége d'Arras, rue d'Arras, fondé en 1322, il est occupé par les Prêtres de S. Vast, à qui la maison appartient.

Collége de Cornouaille, rue du Plâtre, fondé en 1317, loué à des particuliers.

Collége du Mans, rue d'Enfer, fondé en 1526, loué à des particuliers.

Collége de Maître-Gervais, rue du Foin, fondé en 1370, loué à des particuliers.

Collége de Séez, rue de la Harpe, fondé en 1427 par Gregoire l'Anglois, Evêque de Séez, loué à des particuliers.

Collége de Tours, rue Serpente, fondé en 1334, loué à des particuliers.

Collége de Justice, rue de la Harpe, loué à des particuliers.

Collége de Bayeux, rue de la Harpe, loué à des particuliers.

SEMINAIRES.

SEMINAIRE DES ANGLAIS, 300 pas sur 140, rue des Postes, fondé, sur la fin du dernier siècle, pour les Ecclésiastiques Anglais qui se refugient en France.

Seminaire des Bons-Enfans, rue S Nicolas, quartier de la Place-Maubert, fondé par M. de Gondy, premier Archevêque de Paris. S. Vincent de Paule, son premier Directeur, y forma sa Congrégation des Prêtres de la Mission.

Seminaire des Missions étrangères, 180 pas
sur

fur rio, rue du Bacq, établi en 1663 par Bernard-de-Sainte-Therèſe, Evêque de Babylone, pour y former des Prêtres qui vont prêcher la Foi aux Indes & autres pays étrangers.

Seminaire des Irlandais, ou *le Collége des Lombards*, rue des Carmes, fondé en 1330 par André Ghini, Evêque d'Arras, pour 100 Prêtres & 50 élèves deſtinés aux Miſſions d'Irlande.

Seminaire des Trente-Trois, ou *de la Sainte-Famille*, établi en 1652 pour 33 pauvres Ecoliers, en l'honneur des 33 ans de J. C. par un ſaint Prêtre nommé Bernard. La Reine Anne d'Autriche en aſſura la fondation en 1657, & en fit un Seminaire rue & Montagne-Sainte-Geneviève. M. le Duc d'Orléans, décédé à Sainte-Geneviève, leur a laiſſé un bis conſidérable.

Seminaire de S. Marcel, Cloître de Saint-Marcel, rue Bordet, établi par le Chapitre de S. Marcel pour les Prêtres qui aſſiſtent les jours de fêtes a l'Office du Chapitre.

Seminaire de S. Louis, 50 pas en quarré, rue d'Enfer, porte-S. Michel, fondé pour des pauvres Clercs, par M. le Cardinal de Noailles, Archevêque de Paris, en 1696 : la Chapelle en eſt aſſez belle.

Seminaire de S. Magloire, rue du faubourg S. Jacques, autrefois Abbaye de S. Benoît, fondé par Hugues Capet. La Manſe Abbatiale eſt unie à l'Archevêché de Paris, & la Manſe

P

Monacale aux Prêtres de l'Oratoire, lesquels y ont établi un Seminaire en 1618.

Seminaire de S. Nicolas du Chardonnet, rue S. Victor, Communauté de Prêtres, érigé en Seminaire par M. de Gondy, Archevêque de Paris, en 1644. Le premier Instituteur de cette Communauté fut le saint Prêtre Adrien Bourdoise, qui a jetté le plan de tous les Seminaires établis dans le Royaume.

Seminaire de S. Sulpice, 260 pas sur 80, rue du Vieux-Colombier, fondé par M. Olivier, Curé de cette Paroisse ; achevé par son successeur M. de Bretonvilliers, mort en 1676. Les Prêtres institués pour le gouvernement de ce Seminaire, qui comprend quatre maisons, le grand & le petit, qui est dans la rue Ferou, & deux Communautés, se sont beaucoup multipliés, & ont formé sous le nom de Prêtres de S. Sulpice quantité de maisons & de Seminaires en France. L'on y remarque la Chapelle & les belles peintures du plafond de Lebrun.

Seminaire du S. Esprit, rue S. Etienne du Mont, fondé pour des pauvres Ecoliers qui ne peuvent payer que de modiques pensions.

Seminaire des Etudians, rue S. Etienne du-Mont, institué pour les Missions de la campagne ; par Eudes, frère de Mezerai, historiographe de France.

DE LA METROPOLITAINE.

NOTRE-DAME, ou *la Métropolitaine.*
Cette Eglise, de 130 pas sur 40, fut d'abord
elevée sur les ruines d'un ancien palais de
Jupiter, & porta le nom de S. Denis son
fondateur. Le Roi Robert la fit rebâtir &
dédiér à la Ste Vierge ; mais elle ne fut achevée que sous le regne de Philippe Auguste.
Cet édifice, quoique gothique, passe pour un
des plus majestueux de l'Europe : son grand
portail est orné de quantité de figures en relief, & de 28 grandes statues de nos Rois :
les Tours ont 34 toises de haut, avec deux
grosses cloches appelées bourdons : la Nef,
de 65 toises de long sur 24 de large & 17 de
hauteur, est soutenue par 120 gros pilliers
ornés de 48 tableaux de la main des plus
grands Maîtres. Le Chœur fut commencé à
réparer en 1699 : l'on y voit à droite la
statue de Louis XIII, & à gauche celle de
Louis XIV. Le Sanctuaire est environné de
statues de bronze, de trophées d'Eglises en
bas relief, & de vertus : la boiserie des deux
Chaires Episcopales & les statues sont très-
belles, ainsi que les grilles des portes & du
tour du-Chœur : huit grands tableaux le décore avec de riches bordures. La Sacristie est
construite d'une façon ingénieuse : il y a
dans le Trésor quantité de Reliques & 32
Chapelles ornées de tableaux, de figures &
de tombeaux.　　　　　　　　　P 2

Le Chapitre de Notre-Dame, qui a donné à l'Eglise six Papes, un grand nombre de Cardinaux, d'Archevêques, d'Evêques, & quantité d'hommes sçavans, est composé de huit Dignitaires, qui sont un Doyen, un Chantre, trois Archidiacres, un sous-Chantre, un Chancelier, un Pénitencier & 15 Chanoines; & en outre six Clercs de Matines, 12 Enfans-de-Chœur & de bons Musiciens. La Collégiale de S. Germain-de-l'Auxerrois a été incorporée à ce Chapitre en 1744.

Le Palais Archiépiscopal, augmenté & embelli par le Cardinal de Noailles, est en belle vue sur la rivière, les maisons des Chanoines enfermées dans le Cloître par de vieilles murailles, ont un jardin nommé le Terrein, qui leur est commun.

DES PAROISSES DE PARIS.

DANS LA CITÉ.

PAROISSE DE S. BARTHELEMI, rue de même nom. Cette Eglise obscure est assez mal bâtie : ce fut la Paroisse de nos Rois, lorsqu'ils habitoient le Palais. Elle étoit alors desservie par des Chanoines : elle est encore aujourd'hui Paroisse de tout l'enclos du Palais. La Cure est à la nomination de l'Archevêque : il y a deux Vicaires & 12 Prêtres habitués : l'on y remarque le Maître-Autel,

Paroisse de la Sainte-Chapelle, cour du Palais. Cette Eglise gothique, bâtie & fondée par S. Louis en 1247, n'est soutenue d'aucun pillier dans œuvre. Elle passe pour un des plus beaux ouvrages de l'Europe : on y voit deux Eglises, l'une supérieure, dont les voutes sont fort exhaussées, & l'autre inférieure, qui est fort basse : cette dernière a une Cure qui ne s'étend que sur les domestiques des Chanoines, des Chapelains, des Officiers de la Sainte-Chapelle, & de quelques autres personnes qui demeurent dans la cour du Palais. La première est un Chapitre composé de 13 Chanoines & d'un Trésorier qui a le droit d'officier avec la mître, mais sans crosse, & de donner la bénédiction dans les Processions qui se font dans l'enclos du Palais. Il y a dans cette Eglise des Reliques très-précieuses, la Couronne d'Epines de Notre Seigneur, & un Trésor que l'on conserve dans la Sacristie.

Paroisse de Sainte-Croix, rue de la Draperie. Cette Eglise, érigée en Paroisse l'an 1107, fut rebâtie en 1511 par l'Evêque S. Mégare, telle qu'on la voit aujourd'hui : il y a un Curé, un Vicaire & quatre Prêtres habitués.

Paroisse de Saint-Germain-le-vieux, au Marché-Neuf. Cette Eglise, autrefois Chapelle dédiée à S. Jean-Baptiste, a été agrandie & érigée en Paroisse en 1638. Elle a pris le nom de S. Germain-le-vieux, parce-qu'elle a eu deux ans le dépôt du corps de ce Saint,

& que les Religieux de S. Germain, à qui il appartenoit, lui en ont laissé un os du bras. Il y a un Curé à la nomination de l'Université de Paris, un Vicaire & six Prêtres habitués; l'on y remarque le tableau du Maître-Autel, qui représente le Baptême de Jesus-Christ. On y voit aux grandes fêtes une tapisserie estimée des Connoisseurs, faite du tems de Charles VI, qui représente la vie de S. Germain.

Paroisse de S. Landri, rue S. Landri. Cette Eglise, érigée en Paroisse l'an 1460, a un Curé à la nomination de l'Archevêque, un Vicaire & trois Prêtres habitués.

Paroisse de Sainte-Marine, Cul-de-sac de Sainte-Marine. Cette Eglise, où il y a un Curé & deux Prêtres habitués, est la Paroisse de l'Archevêque, & celle où l'on renvoie tous les Mariages ordonnés par l'Officialité.

Paroisse de la Magdelene, rue de la Juiverie. Cette Eglise fut érigée en Paroisse en 1618; il y a un Curé qui a le titre d'Archiprêtre, deux Vicaires & 20 Prêtres habitués. Elle fut bâtie en la place d'une Synagogue que les Juifs y avoient avant qu'ils fussent chassés par Philippe-Auguste: la Cure est à la nomination de l'Archevêque.

Paroisse de S. Pierre-aux-Bœufs, rue du même nom. Cette Eglise, érigée en Paroisse en 1507, a un Curé, un Vicaire & six Prêtres habitués: la Cure est à la nomination de l'Archevêque.

Paroisse de S. Pierre-des-Arcis, rue Gervais

Laurent. Cette Eglise, érigée en Paroisse en
1107, a un Curé, un Vicaire & six Prêtres
habitués : on y remarque un tableau qui représente le Boiteux guéri , & un portique de
quatre colonnes Ioniques : la Cure est à la nomination de l'Archevêque.

PAROISSES dans la Ville.

PAROISSE de S. Eustache, rue du Jour.
Cette Eglise n'étoit anciennement qu'une petite Chapelle dédiée à Sainte-Agnès : celle
que l'on y voit aujourd'hui, qui est très-spa-
cieuse & d'une architecture gothique, fut
bâtie en 1633. C'est la plus grande Paroisse
de Paris après S Sulpice : son Clergé est
composé d'un Curé , d'un Vicaire, de six
sous-Vicaires , & environ 80 Prêtres habitués : on y remarque le tombeau du célèbre
Ministre Colbert, & plusieurs tableaux.
S. Joseph, rue Montmartre, est un aide de
cette Paroisse.

Paroisse de S. Germain-de-l'Auxerrois, près
le vieux Louvre. Cette Eglise, fondée par
Childebert I, est Paroisse du Louvre, & la
première de Paris : son Clergé est composé
d'un Curé, trois Vicaires & 30 Prêtres habitués. Il est aujourd'hui maître du Chœur,
depuis que son Chapitre a été réuni a celui
de Notre-Dame en 1744 : la musique est res-
tée à la Paroisse. On remarque à S. Germain
la nouvelle décoration du Chœur & plusieurs
tableaux : la Cure est à la nomination de
l'Archevêque.

Paroisse de S. Gervais, rue de Long-pont.
Cette Eglise, très-ancienne & mal en vue,
est remarquable par son portail, qui passe
pour un des plus beaux morceaux d'architecture de l'Europe; il a 36 toises de haut: l'on
y trouve les trois ordres, le Dorique, l'Io-
nique & le Corinthien, l'un sur l'autre. La
voute de la Chapelle de la Vierge, le Maître-Autel & plusieurs tableaux y sont dignes
de l'attention des curieux. Le Clergé de cette
Paroisse est composé d'un Curé, deux Vicaires & 40 Prêtres habitués: la Cure est à la
nomination de l'Archevêque.

Paroisse de S. Jacques-de-la-Boucherie,
rue du Crucifix. Cette Eglise a pris son nom
de la Boucherie de l'Apport-Paris: son Clergé
est composé d'un Curé, deux Vicaires & 20
Prêtres habitués: la Cure est à la nomination
du Prieur de S Martin. Le bâtiment que l'on
y voit aujourd'hui fut achevé sous le regne de
François I : l'on y remarque une tour très-
élevée, & un grand Crucifix.

Paroisse de S. Jean-de-Latran, place-de-
Cambrai. L'Eglise, Paroisse de l'enclos, compris le cloître, a 160 pas sur 150. C'est un lieu
privilégié, & une Commanderie qui appartient à l'Ordre de Malte: son Clergé est composé d'un Curé qui est Commandeur, & de
six Chanoines qui sont Chapelains de l'Ordre.

Paroisse des SS. Innocens, rue S. Denis,
l'Eglise, les Charniers & le Cimetière ont
115 pas sur 80. Cette Eglise, où l'Office est
célébré tous les jours par de bons Musiciens,

a un Curé, un Vicaire, un Diacre d'Office, quatre Chantres & un Maître de musique. La Cure & les Bénéfices des SS. Innocens sont à la nomination de Sainte-Opportune : le Cimetière, où plusieurs Paroisses portent leurs Morts, est environné de Charniers qui forment un coridor : la fontaine adossée à cette Eglise, & bâtie en 1550, est regardée par les Connoisseurs comme un très-beau morceau d'architecture.

Paroisse de S. Josse, rue Aubri-Boucher. Cette Eglise, érigée er Paroisse en 1260, où il y a un Curé, un Vicaire & quatre Prêtres habitués, dépendoit autrefois de S. Laurent : la Cure est à la nomination du Prieur de Saint-Martin.

Paroisse de S. Jean-en-Grève, rue Malthois. Cette Eglise, où l'on garde quantité de Reliques, fut érigée en Paroisse en 1212. Elle a été rebâtie telle qu'on la voit aujourd'hui en 1326 : l'on en remarque la voute qui soutient les Orgues, le Maître-Autel & la Chapelle de la Communion. Son Clergé est composé d'un Curé, trois Vicaires & 30 Prêtres habitués : la Cure est à la nomination de l'Abbé du Bec.

Paroisse de S. Leu & S. Gilles, rue Saint-Denis. Cette Eglise, long-tems unie à celle de S. Barthelemi, fut érigée en Paroisse en 1617 : elle a un Curé, un Vicaire & 12 Prêtres habitués : la Cure est à la nomination de l'Archevêque. L'on y remarque le tableau du Maître-Autel.

Paroisse de S. Louis, *dans l'île*, rue Saint-Louis. Cette Eglise, bâtie assez réguliérement, fut finie en 1714 : il y a un Curé, deux Vicaires & 25 Prêtres habitués : la Cure est à la nomination du Chapitre de N. Dame.

Paroisse de S. Merri, ou *S. Méderic*, rue S. Martin. Cette Eglise paroissiale & collégiale, dont la Cure & les Prébendes sont à la nomination du Chapitre de Notre-Dame, fut bâtie en 1137, & érigée en Paroisse en 1200. Le Chœur, nouvellement réparé, est orné de stuc : il y a un Curé, deux Vicaires & 10 Prêtres habitués. L'on y remarque les peintures de la Chapelle de la Communion, & celles des deux côtés du Chœur.

Paroisse de Notre - Dame de Bonne-Nouvelle, quartier-S. Denis : son Eglise n'a rien de remarquable ; il y a un Curé & 8 Prêtres habitués. C'étoit autrefois un aide de S. Laurent. Elle fut érigée en Paroisse en 1673 : la Cure est à la nomination du Prieur de Saint-Martin.

Paroisse de S. Nicolas - des - champs, rue S. Martin. Cette Eglise, fondée par le Roi Robert en 997, rebâtie en 1576, est aujourd'hui une des grandes Paroisses de Paris, où il y a un Curé, deux Vicaires & 60 Prêtres habitués : la Cure est à la nomination du Prieur de S. Martin ; les Religieux en sont Curé primitif : l'on y remarque les quatre Anges de stuc qui sont au Maître-Autel, & le tableau de l'Assomption.

Paroisse de Sainte-Opportune, près la rue

S. Denis. Cette Eglise, de fondation Royale en 1100, a donné son nom à son quartier. Elle a un Chefecier qui est Curé, & 9 Chanoines, tous à la nomination du Chapitre de Notre-Dame.

Paroisse de S. Paul, rue de même nom. Cette Eglise, vaste, massive & obscure, fut bâtie sous le regne de Charles VI. Elle a servi de Paroisse à nos Rois, lorsqu'ils habitoient le Palais des Tournelles, & s'est étendue sur tout le faubourg-S. Antoine jusqu'en 1712: son Clergé est composé d'un Curé, deux Vicaire, deux sous-Vicaires & 50 Prêtres habitués. L'on y remarque une Arche que l'on porte avec beaucoup de pompe le jour de la Fête-Dieu, la Chapelle de la Communion, ses vitreaux & ceux des Charniers.

Paroisse de S. Roch, rue S. Honoré. Cette Eglise, sous le titre des cinq Plaies de Notre-Seigneur, est sous l'invocation de S. Roch. Elle ne fut d'abord qu'une petite Chapelle pour servir d'aide à S. Germain-de-l'Auxerrois: elle a été érigée en Paroisse en 1630, du consentement du Chapitre. Le bâtiment, tel que nous le voyons aujourd'hui, a été commencé en 1653 & achevé, ainsi que le portail, par de Cotte. Il passe pour un des plus beaux édifices de Paris: on y remarque ce percé qui dévoile à un coup-d'œil le Maître-Autel, la Chapelle de la Vierge, celle de la Communion & du Calvaire. L'on admire ce beau plafond de la Chapelle de la Vierge, fait par M. Pierre, les statues de Notre-Seigneur & de S. Roch, l'Annonciation de la Vierge; la baluftrade de marbre blanc, le Crucifix de l'Autel du Calvaire; la Chaire, par M. Challe, & quantité de beaux tableaux. Le Clergé de cette Paroiſſe eſt compoſé d'un Curé, cinq Vicaires & au moins 60 Prêtres habitués : la Cure eſt à la nomination de l'Archevêque.

Paroiſſe de S. Sauveur, rue S. Denis. Cette Egliſe, autrefois Chapelle, fut bâtie par S. Louis. Ce Roi y faiſoit ſes ſtations chaquefois qu'il alloit à pied à S Denis. Elle a été long-tems l'aide de S. Germain : elle fut bâtie telle qu'on la voit aujourd'hui ſous le regne de François I, & érigée en Paroiſſe en 1560 : le Clocher, la Chapelle de la Vierge & la Sacriſtie ont été réparés en 1714. Le Clergé eſt compoſé d'un Curé, trois Vicaires & 25 Prêtres habitués : la Cure eſt à la nomination de l'Archevêque depuis ſa réunion du Chapitre de S. Germain à celui de N. Dame.

PAROISSES dans l'Univerſité.

PAROISSE DE S. ANDRÉ-DES-ARCS, rue de même nom. Cette Egliſe a été bâtie ſur le territoire de S. Germain-des-prés : elle fut érigée en Paroiſſe en 1210 : ſon Clergé eſt compoſé d'un Curé, deux Vicaires & 24 Prêtres habitués : la Cure eſt à la nomination de l'Univerſité de Paris. L'on y remarque le Maître-Autel qui a été refait, & le tombeau de la maiſon de Conti.

Paroiſſe

Paroisse de S. Benoît, rue S Jacques. Cette Eglise collégiale, qui a porté autrefois le nom de la Trinité, fut érigée en Paroisse en 1182 : son Clergé est composé d'un Curé, deux Vicaires & 12 Prêtres habitués : la nomination de cette Cure appartient aux Chanoines de S. Benoît.

Paroisse de S. Côme, rue des Cordeliers. Cette Eglise a un Curé, un Vicaire & six Prêtres. La Communauté des Chirurgiens a fait bâtir dans l'enclos une salle disposée en amphithéâtre pour y recevoir tous les premiers lundis de chaque mois les pauvres qui s'y rendent : ils sont visités par une députation des Maîtres Chirurgiens, qui leur ordonne des remédes convenables : on prétend que cet usage remonte à S. Louis. Il y a deux Professeurs qui montrent gratis l'Anatomie & les opérations de Chirurgie.

Paroisse de S. Etienne - du - Mont, Montagne - de - Sainte - Geneviève. Cette Eglise doit son établissement & sa fondation à celle de S. Pierre & S. Paul, qui a porté après le nom de Ste-Geneviève, parce qu'il se forma un bourg autour de l'Eglise de cette Sainte, où l'on bâtit auprès une petite Chapelle dédiée à S. Jean : en 1536 on commença l'Eglise que l'on y voit aujourd'hui ; la Dédicace n'en fut faite qu'en 1626 : la Cure de cette Paroisse est à la nomination de l'Archevêque ; c'est toujours un Chanoine de Sainte-Geneviève qui est nommé. Il y a deux Vicaires, quatre Diacres d'Offices, quatre Chan-

Q

tres & 12 Prêtres habitués : on y remarque le petit Autel du *S. Sacrement*, N. S. au Jardin des Olives, la Chaire du Prédicateur, & les tapisseries.

Paroisse de S. Hilaire, près le Puits-certain. Cette Eglise, érigée en Paroisse, en 1700, a un Curé, un Vicaire & quatre Prêtres habitués : la Cure est à la nomination du Chapitre de S. Marcel.

Paroisse de S. Jean-du-Cardinal-le-Moine, rue S. Victor. Cette Eglise n'est Paroisse que dans l'enclos de ce Collége.

Paroisse de S. Nicolas-du-Chardonnet, rue des Bernardins. Cette Eglise, qui a pris son nom des chardons qu'il y avoit dans le terrein où elle est située, ne fut d'abord qu'une petite Chapelle où les Mariniers alloient faire leur dévotion ; elle fut érigée en Paroisse en 1243 : l'Eglise que l'on y voit ne fut commencée qu'en 1656, & n'a été achevée qu'en 1709. Elle est desservie par un Curé, deux Vicaires, & les Prêtres du Seminaire de Saint-Nicolas-du-Chardonnet : l'on y remarque plusieurs tableaux.

Paroisse de S. Severin, rue de même nom. Cette Eglise ancienne, bâtie sur une Chapelle dédié à *S. Clément*, où *S. Severin* se retira vers l'an 511, fut érigée Paroisse en 1684, & embelie en 1764 : son Clergé est composé d'un Curé qui porte le titre d'Archiprêtre, de deux Vicaires & 20 Prêtres habitués : la Cure est à la nomination de l'Archevêque.

Paroisse de S. Sulpice, rue des Aveugles.

Cette Paroisse est la plus grande de Paris. Il y a une Communauté de Prêtres considérable, laquelle jointe avec le grand & le petit Séminaire, forme un Clergé d'environ 400 Ecclésiastiques. Ce ne fut d'abord qu'une Chapelle qui servoit aux domestiques de l'Abbaye de S. Germain-des-prés : elle fut érigée en Paroisse en 1200. Cet édifice magnifique, auquel il ne manque qu'une belle place, doit son degré de perfection aux travaux & au zèle du célébre M. Languet, Curé de cette Paroisse, mort en 1750 : on y voit deux tours octogones de 35 toises d'élevation, trois portails, dont le plus grand offre aux yeux un long portique fermé par un double rang de colonnes Corinthiennes très-élevées, & au-dessus duquel regnent deux ordres d'architecture. Dans l'intérieur de l'Eglise l'on admire les pilastres Corinthiens qui sont entre les arcades, le plafond de la Chapelle de la Vierge, le Maître-Autel à la Romaine avec son Baldaquin, la richesse du Tabernacle, les statues qui sont autour du Chœur, les embrasures des croisées toutes revêtues de marbre : du côté du portail sont deux Bénitiers d'un coquillage unique & très-estimé, donnés par Louis XV. Il y a plusieurs beaux Mausolées, parmi lesquels est celui de M. Languet : la Cure est à la nomination de l'Abbé de S. Germain-des-prés.

PAROISSES dans les Faubourgs.

PAROISSE DE SAINT-HIPOLYTE, rue Sainte-Hypolite, faubourg-S. Marceau. Cette Cure est à la nomination du Chapitre de S. Marcel duquel elle dépend : elle a un Curé, un Vicaire & six Prêtres habitués.

Paroisse de S. Jacques-du-haut-pas, rue du faubourg-S. Jacques. C'étoit dans son origine un hôpital : l'Eglise que l'on y voit fut bâtie en 1630, & érigée en Paroisse en 1633 : son portail est remarquable par la régularité de ses proportions. Il y a un Curé, deux Vicaires & 12 Prêtres habitués : le Curé de Saint-Hippolyte & le Chapitre de Saint-Benoît nomment alternativement à la Cure.

Paroisse de S. Laurent, rue du faubourg S. Laurent. L'ancienneté de cette Eglise est marquée par les Religieux qui l'occupoient en 1570 : celle que nous y voyons a été bâtie en 622. Il y a un Curé, deux Vicaires & 25 Prêtres : on y remarque le Maître-Autel & les statues : la Cure est à la nomination des Religieux de S. Martin-des-champs.

Paroisse de S. Louis des Invalides. Eglise desservie aux dépens du Roi, par des Prêtres de S. Lazare, au nombre de 12 & un Supérieur : elle n'est Paroisse que pour l'enclos de l'Hôtel.

Paroisse de S. Martin, Cloître de S. Marcel, rue & Montagne-Sainte-Geneviève. Cette Eglise fut érigée en Paroisse en 1480. Il y a un Curé, un Vicaire & cinq Prêtres habitués ; le Chapitre de S. Marcel nomme à cette Cure.

Paroisse de S. Médard, rue Mouffetard, autrefois petite Chapelle considérablement agrandie en 1686. Il y a un Curé, Chanoine de Sainte-Généviève, un Vicaire & 16 Prêtres habitués : la Cure dépend de l'Abbaye de Sainte-Geneviève.

Paroisse de Ste-Marguerite, rue de même nom. Elle fut érigée en 1712 , & comprend tout le faubourg-S. Antoine. Il y a un Curé à la nomination de l'Archevêque, un Vicaire & 24 Prêtres habitués : l'on y célébre tous les ans, par une Procession, le miracle opéré sur Madame la Fosse en 1725.

Paroisse de la Magdelene de la Ville-l'Evê-que, rue de même nom. Cette Eglise , autre-fois dépendante de S. Germain-de-l'Auxer-rois , fut érigée en Paroisse en 1639. Il y a un Curé à la nomination de l'Archevêque, deux Vicaires & huit Prêtres habitués : l'on y bâtit une nouvelle Eglise vis-à-vis la Place-de-Louis XV.

Paroisse de S. Jacques & de S. Philippe du Roule, au bas du Roule. L'Office de cette Pa-roisse se fait par un Curé , un Vicaire & deux Prêtres dans une grande Chapelle , à cause que l'on a abbatu l'Eglise qui menaçoit ruine.

EGLISES

Dont quelques - unes sont Paroisses dans leurs enclos.

LE TEMPLE. Cette Eglise, Paroisse de tout l'enclos, fut bâtie en 1532. Elle est desservie par un Prieur & cinq Chanoines : ils portent la Croix-de-Malte comme Chevaliers servans de cet Ordre.

S. Honoré. Chapitre composé d'un Chantre Chanoine & 12 Chanoines : ses Canonicats, les plus considérables de Paris, sont à la mination de l'Archevêque ; le Chantre est nommé par le Chapitre : l'on y remarque le mausolée du Cardinal du Bois.

S. Joseph, rue Montmartre. Eglise succursale de S. Eustache : il y a un Desservant.

S. Syphorien. Paroisse de l'enclos de l'Abbaye S. Germain-des-prés : un Religieux en est Curé.

S. Etienne-des-Grecs, rue S. Jacques, vis-à-vis les Jacobins. Chapitre composé d'un Chefecier & 12 Chanoines : ses Bénéficiers sont à la nomination du Chapitre de N. Dame.

Sainte-Marie-Egyptienne, rue Montmartre. Petite Eglise qui n'a rien de remarquable.

S. Denis-du-pas, rue du Cloître-Notre-Dame. Petite Eglise bâtie dans un lieu où, à ce que l'on dit, ce Saint fut mis dans un four chaud, & en sortit sans avoir senti aucun effet du feu.

S. Sépulcre. Collégiale de 12 Chanoines, rue S. Denis, fondée en 1326 pour servir aux Croisés qui avoient fait vœu de visiter le S. Sépulcre de Jérusalem : les Canonicats sont à la nomination de deux Chanoines de N. Dame.

S. Marcel, rue du faub. S. Marceau. Cette Eglise, fondée en 768 en l'honeur de ce Saint, est aujourd'hui un Chapitre composé d'un Doyen & de 14 Chanoines qui ont immédiatement le pas après ceux de la Cathédrale : les Canonicats sont à la nomination de l'Archevêque : les Chanoines nomment les hauts Vicaires de N. Dame.

S. Louis-du-Louvre, rue S. Thomas du Louvre. Ce Chapitre depuis la réunion de S. Thomas du Louvre, de S. Nicolas & de S. Maur-des-fossés, est composé d'un Prévôt, d'un Chantre & 12 Chanoines. L'on remarque dans son Eglise nouvellement bâtie trois tableaux, & le mausolé du Cardinal de Fleuri.

Gros-Caillou. Eglise sucursale de *S. Sulpice*, où il y a un Desservant & 4 Prêtres.

* * *

ABBAYES D'HOMMES.

SAINT - GERMAIN - DES - PRÉS, rue S. Benoît. Cette Abbaye de l'Ordre de S. Benoît, dont l'enclos de 260 sur 240, est un lieu privilégié, fut fondée en 559 par Childebert, & réformée en 1631 : L'on y compte 60 Religieux. L'Eglise est remarquable par son Maître-Autel & plusieurs bons tableaux : le bâtiment très - vaste, renferme une belle Bibliothèque.

Sainte-Geneviève. Cette Abbaye, qui occupe un terrein de 200 pas sur 200, fut fondée par le Roi Clovis dans le sixième siécle. L'Abbé, qui est Triennal, a le pas, ainsi que les Chanoines, sur l'Archevêque & le Chapitre de Notre-Dame, lorsque l'on porte en Procession, dans les calamités publiques, la Chasse de Sainte Geneviève.

La nouvelle Eglise de Ste-Geneviève que l'on construit à présent, représente à-peu-près une Croix Grecque de 330 piés de long hors d'œuvre sur 252 de large, dont chaque croisillon forme dans l'intérieur une croix de même espèce. La réunion de ces quatre croix aux quatre pilliers triangulaires qui soutiendront un dôme de 63 piés de diamètre, formera la croix générale qui en sera le centre, & où la Chasse de Sainte-Geneviève sera placée pour être apperçue de toutes les parties de l'Eglise : autour de son soubassement circulaire, on descendra dans une Eglise souterreine, où le tombeau de la Sainte sera transporté. Pour accompagner la Cour de ce magnifique édifice, l'on fait deux belles maisons, l'une pour un Collége de Droit, & l'autre pour une École de Médecine. Le bâtiment des Religieux, au nombre de 70, renferme une très-belle Bibliothèque.

S. Victor, rue de même nom. Cette Abbaye en commande a 12 Prieurés-Cures en province : elle occupe un terrein de 380 pas sur 200. Cette Abbaye fut fondée par Louis le-Gros en 1113 : l'on y compte 25 Chanoines : leur Bibliothèque est publique.

PRIEURÉS D'HOMMES.

SAINT-MARTIN-DES-CHAMPS, rue S. Martin. Le terrein de ce Prieuré en commande est un lieu de franchise de 200 pas sur 200. Ce Monastère, où l'on compte 45 Religieux Bénédictins de la Congrégation de S. Maur, a 25 Prieurés simples & 70 Cures, fut fondé en 1060 par Henri I, Roi de France.

S. *Denis-de-la-Chartre*. Petite Eglise entre le pont-Notre-Dame & la rue de la Juiverie : son nom lui vient de ce que la cave, qui est dessous, a servi de prison à ce Saint.

Sainte-Catherine-de-la-Culture, rue Culture-Sainte-Catherine. Ce Prieuré en commande, où il y a 22 Chanoines, fut doté par S. Louis, & dépend de Sainte-Geneviève depuis 1629.

S. *Ives*, rue S. Jacques, près la rue des Noyers. Cette Eglise, bâtie en 1348, est un Prieuré qui étoit autrefois d'un revenu considérable.

COUVENTS ET MAISONS
RÉGULIÈRES D'HOMMES.

ANTOINE, (*le petit S.*) rue S. Antoine. Ces Religieux, au nombre de 16, sont Chanoines réguliers de la Régle de S. Antoiné depuis 1297. Ils portent sur leur habit la figure d'un T pour marque qu'ils étoient autrefois Hospitaliers.

Augustins, (*les Grands-*) fondés du tems de S. Louis, ont un enclos sur le quai-des-Augustins de 100 pas sur 25 : l'Eglise est remarquable par son Maître-Autel, & par six grands tableaux du Chœur qui représentent les receptions des Cordons-bleus : c'est le lieu où le Clergé tient ses assemblées. Il y a environ 90 Religieux.

Augustins. (*les petits*) Ils sont environ 30 Religieux fondés par la Reine Marguerite de Valois en 1608 : leur enclos, rue des petits-Augustins, a 200 pas sur 200.

Augustins de la Place-des-Victoires, (*les*) dit les Petits-Pères. Ils sont environ 70 Religieux fondés par Louis XIII en 1629 : leur enclos est de 300 pas sur 100. L'Eglise, très-fréquentée, est remarquable par son portail & par les sept tableaux du Chœur. Le beau & vaste bâtiment des Religieux renferme une Bibliothèque considérable.

B

BARNABITES, (*les*) rue S. Eloi. Ces Religieux, au nombre de 16, occupent l'ancien Prieuré de S. Eloi depuis 1631.

Bénédictins Anglais, (*les*) au nombre de 14. Ils ont un enclos, rue du faubourg-Saint-

Jacques, de 280 pas fur 50 : l'on voit en dépôt dans une Chapelle de l'Eglife le corps de Jacques II, Roi d'Angleterre, mort en 1701.

Bernardins. (les) Il y a environ 20 Religieux : leur enclos, rue des Bernardins, a 200 pas fur 110. Cette maifon eft un Collége fondé en 1336 par un Abbé de Clairvaux.

Blancs-Manteaux, rue de même nom, Bénédictins de la Congrégation de S. Maur. Ils ont pris leur nom des Religieux à manteaux blancs, qui occupoient autrefois cette maifon. Elle fut fondée par Henri de Gondi, Cardinal de Retz, Evêque de Paris en 1618 : on y compte 16 Religieux.

C

CAPUCINS. (les) Ce Couvent, établi rue S. Honoré par la Reine Marie de Médicis en 1576, eft le chef-lieu de l'Ordre par raport au Royaume : l'on y compte jufqu'à 110 Religieux. Ils ont un enclos de 210 pas fur 200, où l'on remarque le Sanctuaire & le Chœur de l'Eglife rebâtis en 1735, la Bibliothèque & le Refectoire.

Capucins. (les) Ce Couvent, rue du faub. S. Jacques, où l'on compte 60 Religieux, a un enclos de 400 pas fur 300. Il fut établi en 1613 : on y remarque le tableau du Maître-Autel.

Capucins. (les) Ces Religieux, rue d'Orléans au Marais, font environ 45. Ils y furent établis en 1623 : leur enclos eſt de 100 pas ſur 100. Ils ont pluſieurs bons tableaux.

Carmes (*les*) de la Place-Maubert, amenés de la Paleſtine en France par S. Louis, furent fondés par la veuve de Philippe - le - Bel en 1349. Ils ſont aujourd'hui environ 70 : l'Egliſe n'a rien de remarquable.

Carmes-Billettes, (*les*) rue de même nom. Ces Religieux, aux environs de 40, furent établis en 1632.

Carmes - déchauſſés, (*les*) au nombre de 40, ont un enclos, rue de Vaugirard, de 210 pas ſur 160. L'Egliſe, bien bâtie, eſt très-ornée : l'on y remarque les baluſtrades des Chapelles & les tableaux. Ces Religieux furent établis en France par Marie de Médicis en 1613.

Céleſtins, (*les*) près l'Arcenal. L'enclos de ces Religieux a 300 pas ſur 200 : il renferme de vaſtes bâtimens & pluſieurs jardins. L'Egliſe a quantité de magnifiques monumens funébres : les Secrétaires du Roi, dont les Céleſtins ſont du nombre, y ont leur Confrairie, leurs Archives, & font leurs aſſemblées dans ce Couvent. Ils furent établis à Paris par le Roi Charles V en 1364 : ils ſont environ 45 Religieux.

Chartreux, (*les*) rue d'Enfer. L'enclos de ces Religieux aux environs de 40, eſt de 700 pas en triangle. Cette maiſon, fondée par S. Louis en 1257, poſſéde quantité de tableaux des meilleurs Maîtres.

Cordeliers, (*les*) au nombre de 120, fondés

dés en 1236, ont un enclos, rue des Cordeliers, de 200 pas sur 90. L'Eglise a été bâtie
par saint Louis : c'est le Collége général de
l'Ordre de S François d'Assise.

Croix de la Bretonnerie, (Ste) rue de même nom. Ces Religieux, au nombre de 12,
fondés par S. Louis en 1268, étoient autrefois Mandians : ils sont aujourd'hui Chanoines réguliers.

D

DOCTRINE-CHRÉTIENNE.(Congrégation de la) L'enclos de ce Monastère,
en très-belle vue, rue des Fossés S. Victor,
à 210 pas sur 100. Il fut fondé en 1618 : il
y a 18 Prêtres, 5 Frères & une Bibliothèque
publique.

Doctrine - Chrétienne, (Saint - Julien-des-
Ménestriers,) rue Saint-Martin. Cette maison, où il y a 15 Pères, a pris son nom de
ce qu'elle appartenoit autrefois aux Maîtres
à danser.

Doctrine-Chrétienne, ou S. Charles-Borro-
mée, rue du faubourg- S. Antoine.

F

FEUILLANS, (*les*) aux environs de 40,
fondés par Henri III en 1587, ont un enclos, rue S. Honoré, de 190 pas sur 180 :
on remarque le portail de l'Eglise bâtie par
Henri IV, & la Grotte dans le passage des
Tuilleries.

R

Feuillans, (*les*) autre Couvent du même Ordre, rue d'Enfer, près le Luxembourg.

J

JACOBINS, (*les*) rue S. Jacques. Ils sont aux environs de 80 : leur enclos a 210 p. presque en triangle. Ils furent établis par Saint-Louis en 1217.

Jacobins, (*les*) rue S. Dominique, sont aux environs de 60. Ils ont un enclos de 280 pas sur 200 fondés en 1631 : l'Eglise est assez belle.

Jacobins, (*les*) rue S. Honoré, aux environs de 60, y furent établis en 1611 : l'enclos a 200 pas sur 110.

Jésuites. (*les*) La maison & l'Eglise qui appartenoient aux Jésuites occupent un terrein, rue S. Antoine, de 180 pas sur 110. L'Eglise est aujourd'hui desservie par les Prêtres de S. Paul : l'on y remarque le portail, le Maître-Autel, la gallerie voutée qui regne autour du dessus des Chapelles, & le superbe Mausolé d'Henri de Bourbon, Prince de Condé.

L

LAZARE (*les Pères de S.*) sont aux environs de 70. Ils ont un enclos de 700 pas sur 650. Ils furent institués par S. Vincent de Paule en 1632. C'est le chef-lieu de la Congrégation de la Mission : le Général y fait sa résidence. Il y a des retraites fondées pour les Prêtres, les Clercs & les Laïcs : l'Eglise, qui est petite, a plusieurs bons tableaux.

M

MATHURINS, ou TRINITAIRES, (les) au nombre de 40, furent institués pour la redemption des Captifs. Ils ont un enclos, rue des Mathurins, de 200 pas sur 80 : ils furent établis dans cette maison en 1228.

Merci, (les Pères de la) aux environs de 30, rue du Chaume, furent établis par la Reine Marie de Médicis en 1613 pour la redemption des Captifs.

Merci, (les Pères de la) au nombre de quatre rue des Sept-voies, furent fondés en 1250 pour ceux de cet Ordre qui veulent étudier à Paris.

Minimes, (les) aux environs de 35, furent établis à Paris en 1610 par Marie de Médicis. Ils ont un enclos, rue des Minimes, de 110 pas sur 90. L'Eglise est bien bâtie : l'on y remarque les peintures des Chapelles, & plusieurs Mausolés. La Bibliothèque de ces Religieux est composée de 20 mille volumes, tant imprimés que manuscrits.

N

NAZARET, (les Pères de) aux environs de 45, furent fondés en 1636. Ils ont un enclos, rue du Temple, de 250 pas sur 40. Ces Religieux sont du tiers-Ordre de S. François :

leur Eglife eft remarquable par la régularité de l'architecture.

Nouveaux-Convertis. (*les*) Cette maifon, où il y a un Supérieur & un Directeur pour ceux qui veulent être intruits à la Foi Catholique, a un enclos, rue de Seine - S. Victor, de 200 pas fur 110.

O

ORATOIRE, (*les Pères de l'*) aux environs de 25, furent établis, rue S. Honoré, en 1615. Cette maifon, qui a 100 pas fur 20, eft le chef-lieu de leur Congrégation, & la réfidence du Général. Ils ont dans le Royaume 75 maifons, dont les unes font des Seminaires & d'autres des Colléges. L'Eglife, nouvellement achevée, eft un bâtiment régulier, où l'on remarque le portail & le Maître-Autel.

Oratoire. (*Inftitution de l'*) Cette maifon, fondée en 1650 pour être le Noviciat de ceux qui entrent dans la Congrégation, a un enclos, rue d'Enfer, de 280 pas fur 200 : il y a trois Prêtres, environ 20 fujets, & plufieurs appartemens pour les perfonnes de diftinctions qui veulent y faire des retraites.

P

PICPUS, (*les*) aux environs de 60, furent fondés en 1600. Cette maifon, du tiers-Ordre de S. François, eft le chef-lieu de la Réforme. Ils ont un appartement pour les

Ambassadeurs qui ne sont pas Catholiques Romains ; & c'est d'où ceux-ci partent pour faire leur entrée.

Prémontrés. (*les*) Ces Religieux, au nombre de 12, sont Chanoines réguliers : ils ont un enclos, rue Haute-feuille, de 120 pas sur 100. Ils furent établis en cette maison en 1292 : elle a été rebâtie depuis : c'est le Collége des Prémontrés qui viennent étudier à Paris.

Prémontrés. (*les*) Religieux-Réformés, au nombre de 15, établis à Paris en 1662 : ils ont un enclos à la Croix-rouge de 190 pas sur 25. L'Eglise a été rebâtie en 1719.

R

RECOLETS, (*les*) aux environs de 60, furent établis à Paris en 1603. Ils ont un enclos, rue faubourg - S. Martin, de 180 pas sur 180 : leur Général est le même que celui des Cordeliers.

T

THÉATINS, (*les*) aux environs de 24, furent établis sur le quai de même nom par le Cardinal Mazarin en 1648. Ce Couvent est le seul de cet Ordre dans le Royaume.

❊❊❊❊❊❊❊❊❊❊❊❊❊❊❊❊❊❊

ABBAYES DE FILLES.

Abbaye des Dames de S. Antoine.
L'enclos de cette Abbaye, qui a donné son
nom au faubourg-S. Antoine, a 650 pas sur
92 : l'on y compte 25 Religieuses incorpo-
rées à l'Ordre de Cîteaux en 1204 : l'Abbesse
est Dame de tout le faubourg. L'Eglise, où
il y a un grand & beau Chœur est un bâtiment gothique fondé par S. Louis : c'est de
cette Abbaye que les Ambassadeurs Catholiques Romains partent pour faire leur entrée.

Abbaye du Val-de-Grâce. Cette Abbaye,
de l'Ordre de S. Benoît, fut fondée en 1645
par Anne d'Autriche : elle a un enclos, rue
du faubourg-S. Jacques, de 475 pas sur 380.
L'Abbesse est Triennale : il y a 50 Religieuses : les bâtimens en sont magnifiques, sur-
tout l'Eglise, où l'on admire le portail, le
Maître-Autel, le Dôme & ses belles peintures, des sculptures faites par les plus grands
Maîtres : dans cette Eglise sont les cœurs des
Princes & Princesses de la Famille Royale.

Abbaye de Port-Royal. Cette Abbaye a la
nomination du Roi, tire son nom de celle
des champs détruite en 1710 : elle a un enclos, rue de la Bourbe, de 230 pas sur 130 :
l'on y compte 30 Religieuses & plusieurs
Novices.

Abbaye aux-Bois. Cette Abbaye, de l'Ordre Cîteaux fut établie en 1654 : elle a un en-

clos, rue de Sève, de 200 pas sur 150 : l'on y compte environ 30 Religieuses.

Abbaye de Pantemont, de l'Ordre de Cîteaux, nouvellement rebâtie : elle a un enclos, rue de Grenelle, faubourg-S. Germain, de 200 pas sur 110. Elle fut établie en 1645 : l'on y compte environ 20 Religieuses ; l'Abbesse est triennale : l'Eglise est remarquable par son architecture.

Abbaye des Cordelières, de la Régle de S. François, fondée en 1289 par la Reine Marguerite, veuve de S. Louis. L'enclos de cette Abbaye, rue de l'Oursine, a 320 pas sur 180 : l'on y compte 40 Religieuses.

Abbaye de Montmartre. Cette Abbaye, de l'Ordre de S. Benoît, réformée en 1600, a un enclos à Montmartre de 200 pas sur 160. Elle fut fondée par le Roi Louis-le-Gros en 1113 : l'on y compte environ 30 Religieuses : l'Abbaye est à la nomination du Roi.

COUVENTS
ET COMMUNAUTÉS DE FILLES.

A

*A*SSOMPTION. (*l'*) Chanoinesses de l'Ordre S. Augustin, au nombre de 26. Elles furent fondées en 1622 : leur enclos, rue S. Honoré, a 200 pas sur 150 : leur Eglise consiste en un Dôme.

Avé-Maria, (l') ou *la Visitation*, fut fondée en 1481 par Louis XI. Ces Religieuses, au nombre de 54, de l'Ordre de Sainte-Claire, menent une vie très-austère. Elles sont desservies par des Cordeliers : leur enclos, rue des Barres, est de 160 pas sur 60.

Augustines Anglaises. (les) Les Religieuses toutes Anglaises, au nombre de 22, sont de l'Ordre de S. Augustin, rue de Charenton.

B

BELLE-CHASSE, ou *les Chanoinesses du S. Sépulcre.* Ces Religieuses, de l'Ordre de Saint-Augustin, sont au nombre de 45 : leur maison fut établie en 1632 : leur enclos, rue S. Dominique, faubourg - S. Germain, est de 310 pas sur 140.

Bénédictines (les) de Notre - Dame de Liesse. Ces Religieuses, de l'Ordre de S. François de Sales, au nombre de 7, furent établies en 1636 : leur enclos, barrière de Sève, a 100 pas en quarré.

Bénédictines Anglaises. (les) Religieuses, au nombre de 20. Elles furent établies au commencement du dernier siécle, rue des Fossés-S. Victor.

Bénédictines (les) de l'Adoration perpétuelle du S. Sacrement. Ces Religieuses, au nombre de 40, de l'Observance étroite de S. Benoît, furent établies par la Reine Anne d'Autriche dans la rue Cassette en 1652 : leur enclos est de 110 pas sur 60.

Bénénédictines du Chaſſe-midi. (*les*) Ces Religieuſes, au nombre de 40, furent établies en 1669 rue du Chaſſe-midi.

Bénédictines du S. Sacrement. (*les*) Ces Religieuſes, au nombre de 45, furent établies rue S. Louis au Marais en 1683.

Bénédictines de la Ville - l'Evêque. (*les*) C'eſt un Prieuré triennal, où il y a 50 Religieuſes de la réforme de S. Benoît. Elles furent établies en 1613 au faubourg-S. Honoré : leur enclos a 200 pas ſur 110.

Bernardines, (*les*) ou *Filles du précieux Sang.* Ces Religieuſes, au nombre de 27, furent établies rue de Vaugiraid en 1658.

C

CAPUCINES. (*les*) Ces Religieuſes, au nombre de 40, de la Régle de S. François, mais plus auſtères que les Capucins, furent établies en 1688 place de Louis-le-Grand : l'enclos a 310 pas ſur 110 ; le deſſein & la ſculpture du portail de l'Egliſe ſont très-eſtimés. Cette Egliſe eſt deſſervie par des Capucins : les Frères font la quête pour les Religieuſes.

Carmelites. (*les*) L'Ordre des Carmelites eſt une réforme de Sainte-Therèſe, qui eſt très-auſtère. Cette maiſon, où il y a 40 Religieuſes fut établie en 1664 par la Reine Marie Therèſe d'Autriche, rue Grenelle, faub. S. Germain : l'enclos a 200 pas ſur 30.

Carmelites. (*les*) Cette maiſon, où il y a 40 Religieuſes, fut fondée rue du faubourg-

S. Jacques en 1604. Elle eſt remarquable par ſa belle Egliſe, où l'on admire le Sanctuaire de marbre, les Chapelles décorées de belles peintures, & de pluſieurs bons tableaux: l'enclos de ce Couvent a 290 pas ſur 150. C'eſt dans cette maiſon que Louiſe-Françoiſe de la Baume-le-Blanc, Ducheſſe de la Valière, morte en 1710, a paſſé 30 ans ſous le nom de Sœur Louiſe de la Miſéricorde.

Carmelites (*les*) Ce Monaſtère, où il y a 40 Religieuſes, fut établi rue Chapon en 1619 : l'enclos a 110 pas ſur 90.

Chanoineſſes (*les*) de S. Auguſtin, ou de Notre-Dame des Victoires. Ces Religieuſes, de l'Ordre de S. Auguſtin, ſont au nombre de 36. Cette maiſon fut fondée en 1640 rue des Picpus, après la grande rue du faubourg-S. Antoine.

Cordelières (*les*) de la Croix-Rouge, nouvellement détruites : l'enclos de 200 pas ſur 80 eſt occupé aujourd'hui par de belles maiſons que l'on y bâtit.

D

DAMES-DE-LA-CROIX. (*les*) Ces Religieuſes, au nombre de 20, ſont de l'Ordre de S. Dominique : elles furent établies en 1636 rue de Charonne.

Dames-de-Sainte-Marie. (*les*) Religieuſes, au nombre de 40, de l'Ordre de S. François de Sales, & établies à Paris en 1628 : leur enclos, rue S. Antoine, près la Baſtille, a 100 pas ſur 80.

Dames - de - Sainte - Marie. (*les*) 30 Religieuses, de l'Ordre de S. François de Sales, furent étables en 1628 rue du faubourg-S. Jacques.

Dames - de - Sainte - Marie. (*les*) 35 Religieuses, de l'Ordre de S. François de Sales, furent établies rue du Bacq en 1673.

E

Enfant-Jesus. (*l'*) Cette maison, au nombre de 30 Demoiselles, a été formée sur le modèle de S. Cyr par M. Languet, Curé de S. Sulpice, qui l'a fondée : son enclos, barrière de Sève, a 250 pas sur 20.

F

Feuillantines. (*les*) 40 Religieuses de la réforme de Cîteaux furent fondées par la Reine Anne d'Autriche en 1622 : leur enclos, rue du faubourg-S. Jacques, a 350 pas sur 50.

Filles - bleues, (*les*) ou *les Annonciades.* Ces Religieuses, au nombre de 40, de l'Ordre de S. Augustin, furent fondées rue Culture-Sainte-Catherine en 1637 par Mademoiselle, fille de Gaston, Duc d'Orléans.

Filles - du - Calvaire. (*les*) 30 Religieuses furent fondées pour honorer le mystère de la Croix en 1622, rue S. Louis au Marais : l'enclos a 180 pas sur 110. Elles sont de l'Ordre de S. Benoît.

Filles - du - Calvaire. (*les*) 30 Religieuses de la Régle de Saint Benoît furent fondées par Marie de Médicis en 1623 pour honorer le mystère de la Croix, rue de Vaugirard.

Filles - de - la - Conception. (*les*) 25 Religieuses du Tiers-Ordre de S. François furent fondées en 1635 : leur enclos, rue S. Honoré, a 200 pas sur 120.

Filles-de-la-Croix. (*les*) Il y a six Sœurs établies pour l'instruction des Pauvres de la Paroisse, rue d'Orléans, faubourg - S. Marceau : leur enclos a 150 pas sur 20.

Filles-de-la-Croix. (*les*) Cette maison, où il y a 30 Religieuses, fut établie en 1640 cul-de-sac-Guimené : son enclos est de 180 pas sur 15.

Filles - de · la - Croix - S. Gervais. (*les*) 21 Sœurs, rue des Barres.

Filles-Dieu. (*les*) 25 Religieuses de l'Ordre de Fontevrault furent établies en 1695 : leur enclos, rue S. Denis, a 200 pas sur 40.

Filles-de-l'Enfant-Jesus. (*les*) 12 Sœurs, rue S. Maur, faubourg-Saint-Germain.

Filles-de-l'Instruction. (*les*) 30 Sœurs fondées en 1657, rue du Pot-de-fer.

Filles-de-l'union-chrétienne, (*les*) dites de S. Chaumont. 18 Religieuses établies en 1661 pour l'instruction des Nouvelles-Converties ; leur enclos, rue S. Denis a 110 pas sur 105.

Filles - de - Sainte - Agnès. (*les*) 30 Religieuses fondées en 1678 pour l'instruction des filles de la Paroisse, rue Plâtrière.

Filles-de-Sainte-Aure. (*les*) 10 Sœurs, rue Neuve-Sainte-Geneviève.

Filles

Filles-de-Saint-Chaumont. (*les*) 20 Religieuses, rue de Sève.

Filles-de-Sainte-Elizabeth. (*les*) 40 Religienses des Picpus , fondées par la Reine Marie de Médicis : leur enclos , rue du Temple, a 100 pas fur 40.

Filles-de-Sainte-Geneviève , (*les*) ou *les Miramiones.* 30 Sœurs établies pour l'inftruction & l'éducation des jeunes Filles : les Pauvres malades de la Paroiffe y font traités gratis : l'enclos , quai – de – la – Tournelle, a 350 pas fur 50.

Filles-de-Saint-Joseph. (*les*) 18 Religieufes fondées en 1641 pour l'inftruction des Filles : leur enclos , rue S. Dominique , faub. S. Germain , a 310 pas fur 100.

Filles-de-Sainte-Marguerite. (*les*) 10 Sœurs fondées en 1682 , rue du Bas Ruilli , faub. S. Antoine : leur enclos a 120 pas fur 110.

Filles-de-Saint-Thomas. (*les*) 20 Religieufes, ce font des Jacobines, fondées en 1626 : leur enclos , rue de même nom , a 200 pas fur 110.

Filles-de-la-Trinité. (*les*) 10 Sœurs établies en 1612 : leur enclos , rue du Bas-Ruilli , faub. S. Antoine , a 120 pas fur 110.

M

MAGDELENE-TRENELLE. (*la*) C'eft un Prieuré perpétuel , dont les Religieufes font des Bénédictines réformées , éta-

S

blies en premier lieu à la petite ville de Tre-
nelle , d'où elles ont pris leur nom , & ensuite à Paris en 1664 : leur enclos , rue de
Charonne , a 180 pas sur 40.

Magloire , (S.) ou *les Dames-Chanoinesses
de S. Augustin.* Les Religieuses y sont au
nombre de 30 : cette maison fut fondée en
1492 rue S. Denis.

N

Notre-Dame-de-Bons-Secours.
C'est un Prieuré perpétuel. Les Religieuses ,
au nombre de 36 , sont des Bénédictines mitigées , établies en 1648 rue de Charonne :
leur enclos a 200 pas sur 40.

Nouvelles-Catholiques, (les) rue de même
nom. Religieuses non cloîtrées , au nombre
de 25. Cette maison fut fondée en 1634 pour
être un lieu de retraite & d'instruction pour
les Nouvelles - Catholiques : leur enclos à
110 pas sur 60.

P

Présentation. (la) 30 Religieuses
Bénédictines mitigées. C'est un Prieuré per-
pétuel établi en 1649 : son enclos , rue des
Postes , a 200 pas sur 110.

R

Recolletes, (les) ou *l'Immaculée
Conception* 34 Religieuses , de l'Ordre de
S. François , furent fondées par la Reine

Anne d'Autriche : leur enclos, rue du Bacq, 150 pas sur 100.

Religieuses de la Congrégation de N. Dame. (les) 30 Religieuses pour l'instruction gratuite des Filles : elles suivent la Régle de S. Augustin, & ont été instituées en 1615, rue Neuve-S. Etienne.

Religieuses-de-la-Miséricorde. (les) 20 Religieuses de l'Ordre de S. Augustin, établies rue du Vieux-Colombier en 1651 par la Reine Anne d'Autriche en faveur des pauvres Filles nobles.

Religieuses-de-la-Miséricorde. (les) 20 Religieuses de l'Ordre de S. Augustin, rue des Postes.

U

URSULINES. (les) 35 Religieuses de la Régle de S. Augustin, établies en 1622 rue Sainte-Avoie.

Ursulines. (les) 35 Religieuses de la Régle de S. Augustin, établies en 1610 pour l'instruction des jeunes Filles : l'enclos, rue du faub. S. Jacques, a 380 pas sur 200.

MAISONS DE REFUGE.

LA MAGDELENE, ou *les Magdelonnettes.* 30 Religieuses de la Régle de Saint-Augustin. On y renferme les Filles de mauvaise vie, pour lesquelles on paye une pension assez forte : elles sont gouvernées par

des Urſulines, & furent fondées en 1610 rue
des Fontaines, près du Temple : l'enclos a
100 pas ſur 80.

Les Filles de la Providence. 19 Religieuſes
& 12 Sœurs, fondées par la Reine Anne d'Autriche en 1620, pour ſervir d'aſyle aux perſonnes qui riſquent de ſe perdre dans le monde : l'enclos, rue de l'Arbalêtre, a 150 pas
ſur 80.

Sainte-Pélagie. Communauté de Filles-pé-
nitentes, rue du Puits l'Hermite : il y a une
Supérieure & environ 60 Sœurs. Elle fut fondée dans le dernier ſiècle pour les Filles qui
ſe retirent du monde après avoir donné preu-
ve de mauvaiſe conduite. Elles donnent 20
écus en y entrant ; mais ils ſont perdus pour
elles, ſi elles ſortent : il y a une partie du
bâtiment qui ſert de maiſon-de-force.

Le Bon - Paſteur. Communauté de Filles-
pénitentes, ſemblable à Sainte-Pélagie, où il
y a une Supérieure, & environ 160 Sœurs
qui donnent 20 écus en y entrant, & travaillent en commun pour le ſoutien de la maiſon. Elle fut établie en 1688 rue du Chaſſe-
midi : l'enclos a 150 pas ſur 110.

Sainte-Valère, Barrière de la rue de Grenelle. Cette Communauté, fondée en 1688,
eſt encore un lieu d'aſyle pour les Filles qui
ſe ſont dérangées : il y a une Supérieure, &
environ 70 Sœurs qui travaillent pour le ſoutien de la maiſon.

Les Filles - du - Sauveur. Cette Communauté fut fondée en 1699 pour les Filles-re-

senties, comme *le Bon Pasteur & Sainte-Valère*. Le Sauveur est rue Vendôme, près le Boulevard : il y a une Supérieure & environ 60 Sœurs.

MAISONS-HOSPITALIÈRES.

HOSPITALIÈRES de S. Joseph, rue de la Roquette. Il y a 17 lits : l'enclos, rue de la Roquette, faub. S. Antoine, a 450 pas sur 400.

Hospitalières, dites de S Julien. 12 Religieuses de la Régle de S. Augustin. Il y a 37 lits fondés pour des femmes infirmes ; les autres malades payent 36 liv. par mois : l'enclos, rue Mouffetard, a 200 pas sur 120.

Hospitalières de la Place-Royale. 40 Religieuses de la Régle de S. Augustin, fondées par la Reine Anne d'Autriche en 1629 pour 28 lits. Cette maison se fait honneur d'avoir servi de retraite à Françoise d'Aubigné, depuis Marquise de Maintenon.

Hospitalières de S. Gervais. 40 Religieuses. Il y a 30 lits pour les pauvres Voyageurs, Vieille rue du Temple.

Hospitalières de Notre-Dame de la Miséricorde. 12 Religieuses. Cet Hôpital, rue Censier, a été fondée en 1624 pour 100 Orphelins de pères & de mères.

Hospitalières de Saint-Thomas-de-Ville-neuve, établie rue de Sève en 1700 pour le service des pauvres.

Les Orfelins du Saint Nom de Jésus. 15 Sœurs. Cet Hôpital est établi, rue des Postes, pour y élever 20 Filles orfelines, jusqu'à 25 ans.

Les Orphélins de la rue du Vieux-Colombier : comme ceux du S. Nom de Jésus.

La Communauté des Femmes veuves, rue du Gros Chenet. Elles ont un logement gratis, & vivent en particulier suivant ce qu'elles ont.

Les Sœurs-grises, ou *de la Charité*, rue S. Laurent. Communauté de Filles qui ne font point de vœux, & peuvent quitter quand elles veulent. Elles ont 28 maisons dans le Royaume, & 120 Hôpitaux. Le nombre des Sœurs qui sont à Paris est de 40 aux Incurables, & de 80 pour les principales Paroisses, sans celles qui ont soin des Enfans trouvés.

***

HOPITAUX.

HOTEL-DIEU. Cet Hôpital, le plus considérable de France, est situé dans la Cité. Il a 200 pas sur 100 : la rivière avec un pont en partage les bâtimens en deux ; ils sont distribués en 22 salles : savoir, trois pour les Blessés, deux pour les Ecclésiastiques ; une pour les Fous, six pour les hommes, sept pour les femmes, deux pour la petite-vérole

& une pour les enfans, appelée la Crèche,
dans lesquelles il y a 1200 lits. Tous les Malades qui se présentent y sont reçus : leur nombre se monte quelquefois à 5000. Ils sont ser-
vis par 130 Religieuses de l'Ordre de Saint-
Augustin, qui ont à leur commandement
près de 300 domestiques Il y a 24 Prêtres
pour les administrer, plusieurs Médecins &
60 Chirurgiens pour les médicamenter. Cet
Hôpital est administré pour le spirituel par
quatre Chanoines de Notre-Dame, & pour le
temporel par l'Archevêque de Paris, les premier Président du Parlement, de la Chambre-
des-Comptes, de la Cour-des-Aides, le Procureur-Général, le Lieutenant-de-Police &
le Prévôt-des-Marchands.

L'Hôpital-Général, dit *la Salpétrière*, faubourg-S. Victor. Cet Hôpital renferme près
de huit mille pauvres filles & femmes de tous
les âges, & a sous sa dépendance le S. Esprit,
la Pitié & Bicêtre : son enclos est de 600 pas
sur 500. Il est gouverné par une Supérieure
assistée de 36 Sœurs.

Il y a dans cette maison un corps-de-logis, où sont enfermées les Filles de mauvaise
vie aux environs de six cens : l'Eglise, sous
le titre de S. Louis, est remarquable par son
architecture d'une invention convenable à un
si grand nombre de Pauvres. Cet Hôpital est
pour le spirituel sous la direction d'un Rec-
teur & de 22 Prêtres : on y compte 24 Enfans-
de-Chœur.

Hôpital des Enfans-trouvés, Cette maison,

dans la Cité, a 110 pas de long sur 60. Elle fut rebâtie à neuf en 1746, & a été fondée dans le dernier siècle pour les enfans que l'on trouvoit exposés dans Paris. Ils sont aujourd'hui reçus à toutes les heures sans aucune formalité : le nombre en est si grand qu'il se monte aux environs de cinq mille par an. Ils sont envoyés en nourrice, puis on les élève jusqu'à ce qu'ils soient en âge d'apprendre des métiers. La Chapelle est remarquable par des peintures à fresques.

Hôpital des Enfans-trouvés. Cette belle maison, de 480 pas sur 400, rue du faub. S. Antoine, est desservie par les Filles de la Charité : c'est le lieu où l'on élève les Enfans revenus de nourrice; les filles sont mises ensuite à l'Hôpital-Général, & les garçons à la Pitié, ils sont habillés de gris.

La Pitié. Cette maison, rue des Coupeaux, faub. S. Victor, de 200 pas sur 200, est le refuge pour tous les garçons orphélins de Paris, & enfans trouvés, sous la conduite d'une Supérieure, plusieurs Sœurs & quelques Prêtres : ils sont aujourd'hui environ 1200.

Les Incurables. Maison fondée en 1637 pour les maladies incurables : sa grandeur, rue de Sève, faub. S. Germain, est de 350 pas sur 315. Il y a cinq salles pour les hommes, & cinq pour les femmes : les Malades qui n'ont pas de lit fondé payent une somme à proportion de l'âge & de la maladie. L'Eglise a quelques tableaux remarquables.

La Charité. Cet Hôpital, où il y a 200 lits, où chaque Malade est couché seul & bien soigné, fut fondé en 1606 : c'est le chef-lieu de l'Ordre de S. Jean de-Dieu, des 39 qui sont dans le Royaume. Il est desservi par environ 60 Frères : sa grandeur, rue des SS. Peres, est de 230 pas sur 120. L'on y remarque le portail de l'Eglise, ls tableau de Saint-Jean-de Dieu, & la figure du Prêtre Bernard.

Les Convalescens. Maison, de 200 pas sur 110, rue du Bacq, où la Charité envoie passer huit jours ses Convalescens.

La Trinité. Cet Hôpital, rue Grenetal, de 110 pas sur 105, est un lieu privilégié. Il fut établi, en 1547 pour élever, jusqu'à l'âge d'apprendre des métiers, 110 garçons & 36 filles, tous de Paris, & orfelins de pères & de mères. Les garçons donnent 400 liv. & les filles 50, mais on leur rend cet argent en sortant : ils sont habillés de bleu.

Bicêtre, à une lieue de Paris. Grande maison qui sert de retraite à quantité de Vieillards, & où l'on traite gratuitement les maladies véneriennes. L'on y renferme les Fous, les Mandians, les gens sans aveu & les Libertins : ils y a une maison de force & un Puits admirable par sa construction & son utilité.

Les Petites-Maisons. Cet Hôpital, rue de Sève, de 190 pas sur 150, fondé en 1557, est un lieu où l'on renferme les Fous dans des petites chambres à rez-de-chauffés : ceux qui font dociles ont la liberté des cours. Cette maison, où l'on guérit la teigne & les maladies véneriennes en donnant une somme modique, est aussi un lieu de refuge pour environ 400 Vieillards des deux sexes, ausquels on donne le logement & quelques secours en divers genres pour les aider à vivre.

S. Louis. Cet Hôpital, destiné pour les maladies contagieuses, dépend de l'Hôtel-Dieu : son enclos, au faub. S. Martin, est de 400 pas sur 110.

Les Enfans-Rouges. Cet Hôpital, rue de même nom au Marais, de 150 pas sur 70, fut fondé en 1554 par Marguerite de Navarre, sœur de François I, pour 80 Orfelins de pères & de mères, fils de maîtres artisans. Ils y sont reçus à sept ans, & y restent jusqu'à 15.

Le S. Esprit, Place-de-Grève, fondé en 1362 pour 40 garçons & 60 filles légitimes de Paris, orphélins de pères & de mères : ils sont habillés de bleu, & élevés jusqu'à l'âge d'apprendre des métiers. L'Eglise, quoique petite, est peut-être une de celles de Paris où l'on dit le plus de Messes, parce que l'on y paye celles de tous les pauvres Prêtres. A côté de cet Hôpital, il y a le Bureau-général des Pauvres de toutes les Paroisses de Paris.

Les Quinze-Vingts. Cet Hôpital, rue S. Honoré, a 200 pas sur 110. C'est un lieu privilégié, fondé en 1254 par S. Louis pour 300 Gentilshommes qu'il avoit ramenés de la Terre-Sainte, & aufquels les Sarrazins avoient crevé les yeux : aujourd'hui c'eſt l'aſyle de quinze vingts Pauvres aveugles. Les logemens, nouvellement bâtis du produit des Loteries, en ſont vaſtes, & très-peuplés d'Ouvriers qui ne ſont pas Maîtres. L'Egliſe eſt Paroiſſe pour l'enclos, & deſſervie par un Curé & 10 Prêtres. Les Prédicateurs qui prêchent le Carême devant le Roi, ſont obligés de prêcher gratis le Carême qui le précéde dans cette Egliſe.

F I N.

TABLE

A

B

T

U

V

Fin de la Table.

E R R A T A.

Page 24-3 *Quais*, ajoutez *de*
Pag. 25-22 *celle*, ajoutez *de*
pag. 29-26 *Court*, lisez *Cour*
Pag 36-5 *des Poissonniers*, lisez *Poissonnière*
Pag. 65-19 *Maur*, lisez *S. Maur*
Pag. 78-16 *Vuide-gousset*, 200 *pas*, lisez
     20 *pas*
Pag. 80 13 *Cour*, lisez *Court*
Pag. 87-3 *une*, lisez *un*
Pag. 94-8 *donné*, lisez *donnée*
    eadem 14 *Cours*, lisez *Cour*
Pag. 96-33 *Nouvelles-Halles*, lisez *Nouvelle-*
    Halle
Pag. 97-16 *fermée*, lisez *fermé*
Pag. 116-20 *possède*, lisez *renferme*
Pag. 119-10 *Arcour*, lisez *Harcourt*
    eadem-15 *Aumond*, lisez *Aumont*
Pag. 141-2 *Cloche-pèche*, lisez *Cloche-perche*
Pag. 169-18 *laissez*, lisez *fait*.
    eadem-19 *lais*, lisez *legs*
Pag. 171-26 *décore*, lisez *décorent*
Pag. 186-12 *mination*, lisez *nomination*
Pag. 188-21 *Chasse*, lisez *Châsse*.

De l'Imprimerie de QUILLAU, 1766.

RUES DE PARIS, qui ne font point fur la Carte ni dans l'ordre alphabétique.

Rue. . . . . aboutit :

RUE de l'Aiguillerie-rue S. Denis-au Cloître-Sainte-Opportune.

R. de l'Arche-Marion-Quai de la Megifferie-rue S. Germain de l'Auxerrois.

R. de la Bonne-Eau-rue de Belle-chafle, près de la Barrière de la Grenouillère.

R. des Trois-Canettes-rue S. Chriftophe-rue de la Licorne.

R. du Cherche-midi - à la Croix-Rouge - rue des vieilles Tuilleries.

R. de l'Écharpe - rue Saint-Louis - à la Place-Royale.

R. de l'Échelle du Temple - rue du Temple-rue des Quatre-Fils.

R. de l'Étoile, au Port - S. Paul - carrefour de l'Hôtel-de-Sens.

R. des Filles - bleues - rue du Parc-Royal-rue Culture-Sainte-Catherine.

R. Clos-Georgeot - rue Ste - Anne - rue Traverfine.

R. des Deux-Hermites - rue des Marmouzets-rue Cocatrix.

R. du Pelican - rue des Petits - champs - rue de Grenelle.

R. du Repofoir - rue des Vieux - Auguftins, Place-des-Victoires.

R. de la Tabletterie - rue S. Denis - rue de la Vieille-Harengerie.

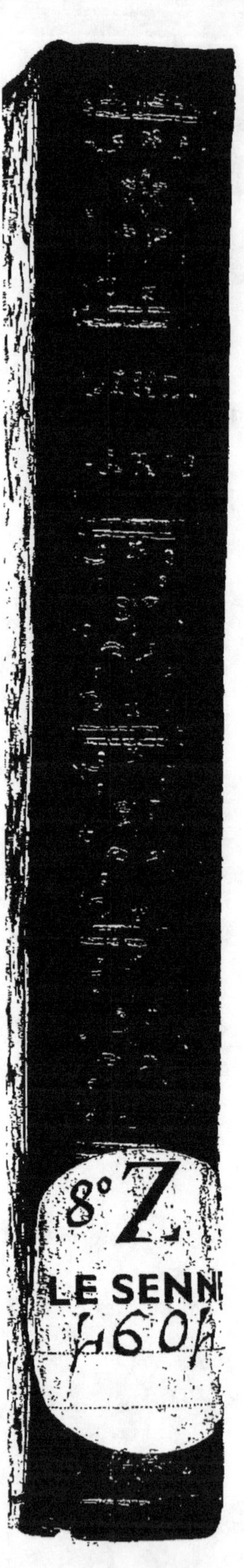

8° Z
LE SENNE
4091

www.ingramcontent.com/pod-product-compliance
Lightning Source LLC
Chambersburg PA
CBHW061456060726
47597CB00002B/619